CAMILLE

Préface de Noémie de Lattre

W0382483

JE M'EN BATS LE CLITO !

KiWi

JE M'EN BATS LE CLITO !

Éditions Kiwi
5, rue de Charonne, 75011 Paris

Tous droits réservés pour tous pays.
Toute reproduction de ce livre, même partielle, par tous procédés,
y compris la photocopie, est interdite.

Édition : Katia Kaloun
Couverture, création graphique et mise en pages : Charlotte Thomas
Illustrations : Flora Mazzaggio

© Éditions Kiwi, juin 2019
ISBN : 978-2-37883-061-8
Dépôt légal: juin 2019
Achevé d'imprimer par Laballery en novembre 2019
N° d'impression : 911315

PRÉFACE

Camille s'en bat le clito et elle a bien raison.

D'abord, parce qu'elle n'a pas de couilles et, ensuite, parce que « le masculin l'emporte toujours sur le féminin »… ça va bien 2 minutes !

C'est avec des mots qu'on pense et c'est avec des pensées qu'on change le monde. Camille l'a bien compris : « et si on arrêtait de se taire ? »

Et si on arrêtait d'accepter que la devise de notre propre pays exclue la moitié de ses citoyen.ne.s (« Liberté, Égalité, FRATERNITÉ ») ?

Et si on arrêtait de parler des droits de l'HOMME pour parler des droits HUMAINS ?

Et si on trouvait un féminin à « vainqueur » ?

Et si « jouer comme une fille », ça voulait dire « jouer pour gagner » ?

Et si on ne disait plus « *La* femme », comme on ne dit plus « *Le* noir » ou « *Le* juif » ?

Et si, au lieu de murmurer « règles, trucs ou ragnagnas », « vagin, vulve ou clitoris », « je me masturbe, je me touche ou je me caresse » comme si c'était sale et honteux, on se mettait à crier nos désirs, nos plaisirs et nos vérités ?

Nos vrais corps qui jouissent, qui souffrent, qui enfantent, qui allaitent et qui muent.

Nos corps, encore, qui piquent et qui puent.

Nos corps doux ou drus, glabres ou velus.

Odorants, ondulants, uniques et nus.

Camille a 20 piges et elle nous propose des femmes en phrases et des phrases de femmes, un monde de femmes merveilleuses et inspirantes, un monde de femmes qu'on écoute ou qu'on lit...

Et moi, Noémie, 40 piges, ça me fait bander.

Ami.e lecteur.rice, ne t'inquiète pas, Camille te parle à toi, aussi ! Tu vas découvrir, comprendre et rigoler. Ami.e jeune, dis à tes parents qu'il n'est jamais trop tôt pour découvrir ces vérités sans détours ni tabous. Ami.e plus âgé.e, ça va te décoiffer un peu, mais tu ne le regretteras pas !

Laissez-vous emporter par ce souffle libre et vivifiant, ludique et frais !

Tentatives diverses : je suis une « demi-vieille » (ou une « demi-jeune », selon le point de vue !). C'est-à-dire que je me situe entre les Simone et les Camille.

Grâce aux Simone, on a des lois, des droits et des quotas. Mais il y a encore des gens pour qui le féminisme n'est peut-être pas une maladie vénérienne mais, au moins, une tare ou un handicap.

Il y a encore des gens pour qui les féministes sont toutes des goudous énervées menant une lutte à mort contre les hommes.

Il y a encore des tonnes de gens qui ne voient pas où est le problème.

Et c'est là qu'on a besoin des Camille.

Merci !
Noémie de Lattre

ÇA A DÉBUTÉ COMME ÇA

Niamey, au Niger, dans un orphelinat dans lequel je suis la seule fille. J'ai presque envie de dire que le hasard fait bien les choses. J'ai été adoptée par mes parents, j'avais 2 mois, après avoir été abandonnée sur un lit d'hôpital par ma mère quelques jours après ma naissance. Elle n'a laissé aucun mot, aucune précision. Mais une femme qui abandonne son enfant sur un lit d'hôpital veut qu'il vive. Elle a dû se dire que ça serait forcément mieux ailleurs qu'avec elle et que, n'ayant pas les moyens de m'élever et de subvenir à mes besoins, il valait mieux espérer que je sois prise entre de bonnes mains. Mais je me suis toujours dit qu'il fallait une sacrée paire d'ovaires pour faire ça. Il y a quelque chose de fascinant avec l'adoption ; je ne suis absolument pas le mélange physique de ma mère et mon père, loin de là. Mais le lien créé, les ressemblances de personnalité, de mimiques, de goûts et de caractère sont indéniables et je trouve ça absolument fascinant : ce sont mes parents, quoi, pas de doute ! Et moi, je suis leur fille. On n'a pas besoin d'avoir fait un gosse pour qu'il devienne le nôtre. Tout se fait après, et ce n'est pas parce qu'un enfant est sorti de toi que tout est évident et inné.

Je mesure 1,85 m (dont 1,10 m de jambes !), j'ai 22 ans, je suis noire, j'ai la tête rasée et je m'appelle Camille. J'ai grandi entre le Niger, la France, Madagascar et l'Espagne : jamais plus de 5 ans dans le même pays. J'ai eu comme modèle familial : papa à la maison qui faisait les courses, m'achetait des serviettes périodiques et allait me chercher à l'école et maman qui envoyait du lourd au boulot, qui était souvent en voyages d'affaires et qui rentrait le soir à 21 h complètement K.O avec une seule envie : mettre les pieds sous la table et déguster le dîner préparé par mon père. Autant t'expliquer que certains clichés et stéréotypes n'ont pas eu le temps de s'installer, pour mon plus grand bonheur. Ah oui, j'oubliais : avant de parler clitos, pertes blanches, tampons qui fuient et masturbation (sur Instagram, je précise), j'étais aux fourneaux. Ma passion, c'est la cuisine, la gastronomie. Mélange entre mon père libanais qui a toujours été passionné de cuisine et le caractère bien trempé de ma mère. Je rêve de devenir la première cheffe femme noire française étoilée au Guide Michelin depuis que j'ai 5 ans.

Ma carrière était plus que tracée. J'ai intégré après le bac, le fameux « Harvard de la Gastronomie » : Ferrandi, une école qui forme aux métiers de la gastronomie à Paris. J'y ai passé 4 ans. 4 ans à prendre cher ; j'en ai bavé mais j'ai surtout été formée par 3 chefs qui m'ont tout donné et qui ont tous été particulièrement exigeants, durs et impitoyables avec moi. Mais ils avaient compris bien avant moi ce qui m'attendrait dans ce milieu-là : sexisme, racisme, jalousie, violence, acharnement, connards sur la route et j'en passe. Tu vas trouver ça cucul, je pense, mais si une citation devait résumer mon point de vue, ça serait celle-là :

« L'excellence est le meilleur remède au racisme et au sexisme. »

Oprah Winfrey

Je m'en sortais plutôt bien, j'ai eu l'occasion de bosser avec de grands chefs français étoilés, certains révélateurs et respectables, d'autres absolument pitoyables et détestables mais peu importe : tout est bon à analyser. Le vrai problème, dans ce milieu-là, c'est qu'il s'agit d'un environnement machiste, sexiste et raciste à souhait : combo gagnant, je suis une femme, je suis noire et j'ai eu le malheur d'être plus grande que tous les chefs avec qui j'ai travaillé. Sans oublier le p'tit truc en plus chez moi qui les a souvent fait moins rire : ce magnifique tempérament et caractère à peine trempé qui m'a sauvé la vie plus d'une fois. Qui fait qu'on tient toutes, d'ailleurs, dans ce milieu pas du tout taillé pour nous.

Une femme en cuisine, comme dans beaucoup de milieux d'ailleurs, est confrontée au sexisme absolument tous les jours, je n'exagère pas si je dis même toutes les heures. Une femme qui s'en sort est considérée comme « un bonhomme » et c'est censé être un compliment. Et puis, il y a les « Arrête de touiller comme une femellette », de « branler les casseroles » ou encore ce moment où on te demande gentiment de « rectifier ton assaisonnement de tapette » ! Celle qui m'étonnera toujours, c'est lorsqu'on complimente ton assiette en disant que c'est un « dressage féminin » pour qualifier un dressage épuré, harmonieux et esthétique. Je me demande encore à quoi correspond un « dressage masculin » et si tu as la réponse, je suis preneuse. Alors oui, je suis d'accord, les choses avancent et les conditions de travail évoluent mais ce n'est toujours pas assez. Une femme en cuisine, c'est tout sauf une évidence, ça dérange de moins en moins, mais quand même, c'est inconcevable pour certains ou tout simplement source de diversion et il est là, le vrai problème ! Une femme en cuisine incarne la définition même du féminisme. Pas forcément revendiqué, ni crié sur tous les toits mais tu dois justifier ta présence presque tous les jours, tu dois prouver que tu n'es là ni pour ton beau sourire, ni pour tes gros seins, mais simplement pour tes qualités intellectuelles, techniques et ton organisation irréprochables. Enfin, juste parce que tu es bonne dans ce que tu fais, aussi bonne qu'un homme, je veux dire.

Une femme doit clairement faire deux fois plus pour avoir la moitié de ce que les hommes obtiennent dans une cuisine en termes de respect, de reconnaissance et d'opportunités. Il est clairement temps que ça change... C'est un milieu dont on parle de loin, en ne mentionnant que les mêmes chefs médiatisés qui passent très peu de temps en cuisine à motiver leurs équipes (juste ceux et celles qui bossent 17 h par jour et sans qui, en fin de compte, il n'y aurait pas de restaurant qui tienne). C'est un métier que l'on associe tout de suite à des jeux télévisés et autres télés-réalités et je pense que ça doit en arranger plus d'un. Une cuisine s'adapte, se modifie, se métamorphose et tout devient idyllique dès qu'une caméra rentre pour une interview ou un reportage. Tout le monde devient soudainement beaucoup plus calme, attentionné et poli (là où on ne connaissait même pas ton prénom la seconde d'avant). C'est un métier où le poids des mots veut tout dire. Lorsqu'on parle des cheffes, on a besoin de préciser « les chefs femmes », là où jamais on ne dira « les chefs hommes » : bien sûr que non, ma p'tite Camille, c'est logique, voyons... ça relève de l'acquis. Lorsqu'il y a des classements, on parle des chefs en général mais cela n'implique que les hommes. Encore une fois, on se sent obligés de faire un classement à part lorsqu'on parle des cheffes : « Les 10 cheffes femmes à suivre en ce moment », « Les 10 femmes cheffes à connaître » ou encore « Ces femmes cheffes qui font briller la gastronomie » : ça en dit long et nous ça ne nous aide pas !

C'est un métier qui est dominé par des hommes blancs en France. Je n'avais jamais remis en cause la question de mon identité, jusqu'au moment où j'ai fait mes premiers pas dans une cuisine. Je vais être très claire : des noir.e.s en cuisine dans le milieu de la gastronomie française, qui ont des postes importants, c'est aussi rare que de voir pousser des framboises au Pôle Nord. Tu vois le délire ? Les personnes noires que l'on retrouve en général dans le milieu sont les plongeurs, les dames qui nettoient les toilettes en fin de service ou encore le mec qui vient réparer le système de ventilation qui a lâché. J'ai très vite compris que mon cas était un mystère pour beaucoup. Noire mais « Pourquoi tu ne t'appelles pas Fatou, alors ? », « Et pourquoi tu parles 3 langues couramment ? », « Ah, tu as voyagé, tu as eu ton bac avec mention, tu es cultivée et intelligente... Mais pourquoi tu fais de la cuisine ? C'est un gâchis pour le reste des professions, tu aurais pu faire Sciences Po, ou être mannequin ! » Et la pépite des pépites : « Tu fais du basket, toi, c'est sûr ! » Bienvenue chez Clichéscity, servez-vous, c'est gratuit !

Tout a basculé le jour où j'ai travaillé pour la première fois de ma vie avec une cheffe : Louise Jacob, dans un super restaurant du 7e arrondissement à Paris : Pottoka. Ce genre d'expressions, de réflexions et de comportements, ça n'existe pas dans sa cuisine. Une femme et un homme sont traités de la même manière et aucune différence n'est faite. Le pire, c'est que l'on trouve que c'est admirable et absolument génial alors que ça devrait être la base de la base. À bon entendeur, je dis ça, je dis rien. Cheffe, merci à vous de montrer l'exemple, ça fait un bien fou ! J'ai une pensée toute particulière pour les femmes qui ont souffert du viol en cuisine, du harcèlement verbal ou corporel, de la pression, qui sont tombées dans la cocaïne, qui se sont prises des mains au cul un nombre incalculable de fois, qui ont leur règles une fois par mois et qui en chient à bosser debout dans le froid et le chaud mais qui envoient du lourd quand même, qui se sentent incomprises, qui ont l'impression d'être passées à côté de leur vie de femme, qui ont eu peur de perdre leur poste à chaque arrêt maladie, qui n'ont jamais porté plainte suite à du chantage ou la peur de perdre leur boulot... Je pense surtout aux femmes qui ont accepté de vivre l'enfer en se promettant de ne jamais reproduire ça au sein de leur cuisine et qui ont tenu leur parole. Vous faites avancer les choses et on ne vous le dit pas assez ! Mise à part cette petite description, ça reste un métier absolument magnifique et je le pense sincèrement. La qualité des produits que j'ai pu travailler, la satisfaction à l'envoi d'une assiette magnifiquement dressée, la rigueur personnelle que cela implique, les retours remplis d'émotions de certains clients suite à leur repas et les liens que la rigueur du travail crée font que ce métier transcende de bonheur celui ou celle qui le réalise avec passion.

Ce livre, *Je m'en bats le clito !*, c'est d'abord un compte Instagram éponyme. Dans ce compte, je raconte la vie des femmes, et non de la femme, dans les sociétés occidentales. Comme une réponse à un besoin de dire les choses avec beaucoup de transparence, d'arriver à rigoler, même de certains sujets délicats, et surtout de foutre un bon coup de pied dans la fourmilière en démystifiant tout ça. Une femme rote, pète, chie, a des pertes blanches et c'est naturel. *Je m'en bats le clito !*, c'est aussi un coup de gueule qui nous pousse à assumer, à ne plus faire semblant et surtout à ne plus nous auto-censurer. Ras le cul de voir des filles chuchoter pour demander un tampon ou être gênées lorsqu'on leur demande si elles se masturbent : j'ai jamais entendu un mec avoir honte de dire qu'il se branlait. Ras le cul d'être obligée de me demander si j'ai bien fait de porter une jupe aujourd'hui et plus envie de passer du temps à me demander si mon corps est assez bien ou pas : bien pour qui, d'ailleurs ? Ras le cul des pubs sexistes qui représentent tout en rose et pastel pour les femmes et en bleu et noir ténébreux pour les hommes.

Je ne pense sincèrement pas que mon contenu soit cru et encore moins trash, c'est juste la vie et on n'est pas habitués à voir les femmes exprimer ce qui se passe dans leur tête et encore moins dans leur culotte. C'est tout un tas de détails qu'en général, on ne relève même plus tellement ils sont ancrés dans le quotidien. L'acceptation et l'abolition des tabous passe aussi par la représentation, par le fait d'en parler. Ça paraît con, mais tant qu'on ne représentera pas les femmes dans leur diversité – avec des vergetures, de la cellulite ou des micros-seins et, qu'à la place, on ne mettra en avant qu'un seul type de corps de femme – les choses n'avanceront pas. Il n'y a pas de norme, de modèle ou d'exemple. Le but est d'arriver à retrouver en une de magazine mondialement connu des femmes que la société ne considère pas comme ayant une « taille mannequin » sans que cela soit considéré comme un acte engagé, militant ou à applaudir. Les trois quarts des femmes ne s'identifient pas aux femmes que les médias mettent en avant et leurs plus gros complexes viennent de cet état de fait. Il y a autant de définitions de la féminité que de femmes, autant de définitions de la virilité que d'hommes. À toi de trouver celle qui te va, ta définition d'être belle et d'être bonne.

Avoir conscience qu'il existe un fossé entre les droits des hommes et ceux des femmes en reconnaissant la fragilité et le côté tangible de ceux des femmes, c'est être féministe. Que le terme gêne, c'est une autre histoire. Ce qui compte, c'est le raisonnement. Être pour l'égalité entre les hommes et les femmes, c'est être féministe et il n'y a aucun mal à ça. Ce n'est pas un gros mot, ni une insulte, ni une étiquette. Les femmes sont les égales des hommes et doivent donc avoir les mêmes droits. Moi, je me considère comme féministe et je ne déteste pas les hommes. Loin de là, bordel ! Je ne passe pas ma vie à vouloir couper les couilles de tous les mecs pour en faire des guirlandes chez moi. La lutte féministe n'a pas souvent laissé de place à l'homme et à ce qu'il avait à dire. Je trouve ça vraiment dommage car ce n'est pas une lutte des femmes, par les femmes et pour les femmes : c'est une lutte humaine. Je refuse l'idée selon laquelle les hommes n'auraient pas leur mot à dire... Cela rendrait la cause exclusive là où le but est clairement de rallier tout le monde et non de mettre de côté la moitié de la planète.

Moi, je déteste les poils sur moi, je crois et j'aime la galanterie à condition qu'elle aille dans les deux sens, je considère que je me respecte pendant la levrette, j'aime qu'un homme fasse le premier pas mais j'ose sans aucun problème aborder un homme s'il me plaît. J'aime également qu'on m'invite au resto, j'adore aussi payer l'addition : je ne me sens pas moins femme. Jusqu'à récemment, j'étais incapable de dessiner sans faute l'appareil génital complet d'une femme ou encore te dire combien mesure exactement un clitoris. Je ne blâme pas les hommes dans leur globalité mais j'essaye plutôt de comprendre que, certes, on souffre mais qu'on a surtout tendance à généraliser et à penser que parce qu'il y a 4 patates de pourries dans le sac, tout le reste est bon à jeter : il suffit de trier et d'enlever la partie pourrie ! Pas mal, celle-là, hein ? J'ai rencontré des hommes féministes par leurs actes et des femmes machistes et anti-hommes… et ça remet les pendules à l'heure. Il m'arrive d'envoyer des nudes (j'ai appris il n'y a pas si longtemps qu'il valait mieux éviter d'y mettre son visage mais bref, c'est un détail), il m'arrive également de courir après un mec en oubliant complètement mes valeurs de soi-disant « respect de moi-même ». Et tu sais quoi ? Je ne me sens pas moins féministe qu'une autre !

Le jour où j'ai rencontré mon éditeur, on a pris un petit-déj au Pain Quotidien. Nous sommes tous les trois à une table avec Katia, mon éditrice, et Édouard. Une des serveuses s'approche de notre table et tend un pot de confiture à Édouard en lui demandant de l'ouvrir car elle n'y arrivait pas. Automatiquement, elle a demandé ça à un homme. Et bien, morale de l'histoire : c'est moi qui ai réussi à ouvrir le pot de confiture en question. Et ouaisssss, les gars ! J'en ai tellement d'autres à te raconter mais je te les confierai quand on se rencontrera, ce sera bien plus drôle.

Tu sais quoi ? Je rêve du moment où le monde aura tellement évolué en termes d'égalité hommes/femmes que le mot « féminisme » n'aura plus de sens. T'imagines, un peu ? Quand on aura exactement les mêmes droits, les mêmes opportunités, que le sexisme lui aussi n'aura plus de sens. J'ai 22 ans et je sais que je ne serai plus de ce monde à ce moment-là. En attendant, on se remonte les manches, on arrête de se taire et on se bat, parce qu'il y en a, du boulot !

… TU VIENS ?

MON MEILLEUR COUP ?

MON MAJEUR !

– EH MADEMOISELLE, SOURIS, LES JOLIES FILLES, ÇA SOURIT !

– EH CONNARD, FERME TA GUEULE POUR VOIR ! LES MECS CONS COMME ÇA, ÇA FERME BIEN BIEN SA GUEULE !

EH CHOUCHOU D'AMOUR, QUAND T'AS FINI : NE ME LAISSE PAS SEULE ET ABANDONNÉE DANS MA FRUSTRATION, C'EST DÉGEULASSE ! T'AS UNE LANGUE, DES DOIGTS ET UN CONCOMBRE DANS LE FRIGO, JE PENSE QU'ON PEUT FAIRE UN COCKTAIL SYMPA.

« MOI, FRANCHEMENT, SI MA COPINE GAGNAIT PLUS QUE MOI, ÇA ME FERAIT CHIER. JE N'ASSUMERAIS PAS DE ME DIRE QU'ELLE GAGNE PLUS QUE MOI. EN TANT QU'HOMME, AU NIVEAU DE MA FIERTÉ, MOYEN. »

MAIS IL EST FÉMINISTE ET DÉFEND L'ÉGALITÉ POUR TOUS. ÇA VA DE SOI. T'ES AU TOP, NE CHANGE RIEN !

AH OUI, AU FAIT, NOUS AUSSI ON MATE DU PORNO. PORNHUB, YOUTUBE, REDTUBE, XNXX, BEEG ET J'EN PASSE... ET PAS QUE DES TRUCS SOFT, HEIN. ON EST LÀ, T'INQUIÈTE MÊME PAS. EH OUAIIIIIIIIIS !

À NOS ORGASMES EN SOLO.

T'ES BELLE ! AVEC UN, DEUX OU AUCUN SEIN.

UN P'TIT DOIGT ET DODO ?

COCKTAIL DU SOIR, BONSOIR !

- 10 CL DE PRÉLIS BIEN JUTEUX
- 1 BONNE BITE (PAS TROP MOLLE, N'HÉSITEZ PAS À TÂTER POUR VOIR LAQUELLE VOUS PRÉFÉREZ)
- 3 OU 4 GLAÇONS
- 1 TUBE DE LUBRIFIANT (FACULTATIF : ÇA DÉPEND DES GOÛTS, DES JOURS, BREF)
- 1 FOULARD (LES DÉGUSTATIONS À L'AVEUGLE SONT EN VOGUE, EN CE MOMENT : ON S'ADAPTE)
- 1 BOÎTE DE MOUCHOIRS (SI ON RENVERSE LE COCKTAIL...)
- 1 DOUCHE

À TOPER AVEC FACILE 1 L DE JUS OU D'EAU OU DE THÉ GLACÉ.

**T'ES BONNE
AVEC TES LÈVRES
QUI PENDENT,
TES MICROS SEINS,
TES POILS
QUI REPOUSSENT,
TES VERGETURES
ET TON CUL
CELLULITÉ.
MÊME GRAVE
BONNE !
(MIA KHALIFA
N'A QU'À BIEN
SE TENIR !)**

VOICI MES SEINS

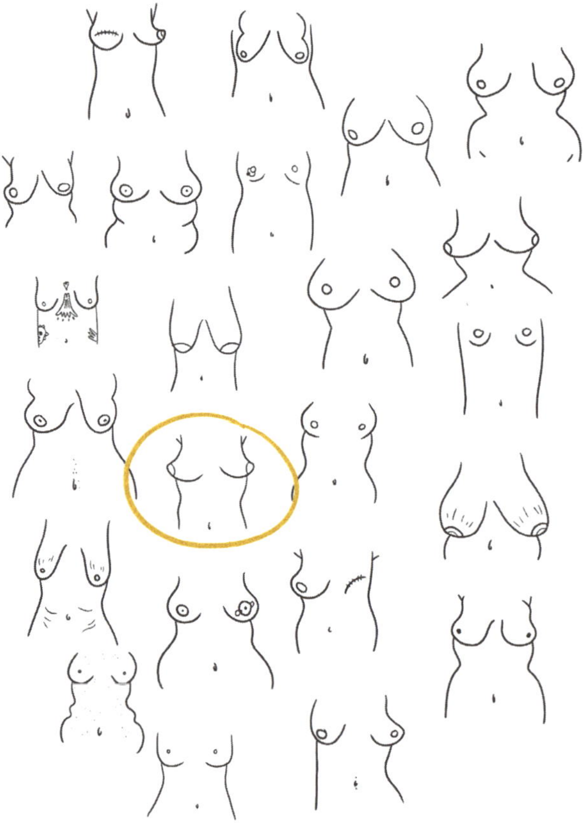

DESSINE TES SEINS !

TA BITE
DE 13 CM ME
FAIT JOUIR
COMME JAJA.
FUCK LA
TAILLE,
TU RESTES
UN DIEU
AU PIEU !

#PORNFORWOMEN

OU LE HASHTAG QUI DÉMONTRE BIEN QUE LE PORNO EST, À LA BASE, ADRESSÉ AUX HOMMES. COMME S'IL FALLAIT UN TYPE DE PORNO DOUX, ALLÉGÉ POUR NOUS, LES FEMMES. FAUDRAIT PAS QU'ON SOIT CHOQUÉES. SURTOUT PAS, VOYONS !

À MA PROF D'ANGLAIS AU LYCÉE QUI NOUS INTERDISAIT DE PORTER DES SHORTS CAR, JE CITE : « ÇA DÉCONCENTRE LES GARÇONS ! »

IN YOUR FU**G DREAMS.**

À TOI QUI N'AS PAS VU
QUE ÇA NE ME PLAISAIT PAS.
TU T'AMUSAIS TOUT SEUL
ET MOI J'ATTENDAIS.
SÛREMENT PARCE QUE
J'AI UN PEU FAIT GENRE,
MAIS UN TOUT PETIT PEU.
À TOI QUI AS VOULU REMETTRE
ÇA AU RÉVEIL.
À MOI QUI AI RÉUSSI
À TE REPOUSSER MALGRÉ
TON INSISTANCE.
VITE UNE DOUCHE !
À MOI QUI T'AI QUAND
MÊME PRÉPARÉ UN CAFÉ
ALORS QUE JE VOULAIS
JUSTE QUE TU TE CASSES
DE CHEZ MOI.
ET ENFIN, À MON CORPS
À QUI J'AI PROMIS QUE
C'ÉTAIT LA DERNIÈRE FOIS.

« C'EST UN ORGASME QUE TU VIENS D'AVOIR, LÀ, NON ? »

JE PEUX T'ASSURER QUE S'IL Y A UNE PHRASE AVEC LAQUELLE TU NE PASSERAS JAMAIS POUR UN CON, C'EST BIEN CELLE-LÀ !

TU VOIS, QUAND JE SUIS EN TRAIN D'AVOIR UN ORGASME, C'EST PAS LA PEINE DE T'EXCITER SUR MON CLITO. LÀ, JE SUIS AU MAX. ÇA FAIT MAL, NOT AGRÉABLE DU TOUT DU TOUT DU TOUT DU TOUT. LAISSE-MOI JUSTE UN INSTANT QUE JE REPRENNE MES ESPRITS. ROUND 2 : JE SUIS PRÊTE.

AH OUI, D'AILLEURS, GÉMIR ET AVOIR UN ORGASME NE SONT PAS SYNONYMES. DONC, JE CRIE COMME UNE TARÉE DEPUIS 20 MINUTES (SORRY POUR LES VOISINS) MAIS JE N'AI PAS EU D'ORGASME POUR AUTANT, TU VOIS ? J'AI PRIS MON PIED, HEIN, NO STRESS ! JUSTE UNE PETITE PRÉCISION, BISOUS.

CE COUP DE REIN DIFFICILEMENT OUBLIABLE. (IL Y A QUAND MÊME DES FOIS OÙ ON A JUSTE ENVIE DE PRENDRE CHER.)

ON A TOUTES ESSAYÉ DE REMONTER NOTRE TAMPON – MAL MIS ET QUI GLISSE – À COUPS DE CONTRACTIONS DU VAGIN, EN VAIN.

QUAND
MA MEILLEURE AMIE
A FAILLI SE FAIRE
VIOLER DANS LE RER,
ON LUI A GENTIMENT
CONSEILLÉ DE NE PAS
METTRE UNE JUPE LA
PROCHAINE FOIS, MAIS
PLUTÔT UN PANTALON.
DES CONSEILS COMME
CELUI-LÀ, ON SE LES
MET OÙ JE PENSE.

SI SEULEMENT ON POUVAIT INVENTER UN DÉTECTEUR DE MATTAGE DE CUL AVEC UNE FONCTION SPÉCIALE « RIPOSTE » POUR LES REGARDS INSISTANTS DU GENRE OBSÉDÉ DU ZIZI TOUT POURRI.

CONNEXION Bluetooth:
OK
CAMÉRA INTEGRÉE:
OK
MATAGE DE CUL:
DÉTECTÉ
1er PRIX DE L'INVENTEUR DE L'ANNÉE

MAINTENANT, TOUCHEZ-VOUS ! (LES SEINS, MAIS PAS QUE.)

JE SUIS EN COUPLE DEPUIS 4 ANS ET JE ME MASTURBE TOUJOURS AUTANT QU'AVANT. COMMENT ? CULPABILISER ? DE QUOI, AU JUSTE ? NONNNN, LE SEXE N'EST QUE MEILLEUR.

« NON, MAIS T'INQUIÈTE, FLEMME DE METTRE UNE CAPOTE, LÀ. J'AIME PAS ÇA, PROMIS, JE FINIS PAS DEDANS. ÇA VA LE FAIRE, JE GÈRE ! »

C'EST LE 1ER AVRIL AVANT L'HEURE OU C'EST UNE CAMÉRA CACHÉE ?

AVOIR SES RÈGLES ET SENTIR UN TRUC COULER, C'EST DÉJÀ STRESSANT. MAIS ESSAYER DE VÉRIFIER SI ON N'A PAS UNE TACHE ÉNORME SUR LE CUL TOUT EN RESTANT (ESSAYANT) NATURELLE, ÇA, C'EST LE STRESS ULTIME.

EH DIS, JUSTE
UN PETIT RAPPEL.
MÊME AU MOMENT
OÙ T'ES À L'ENTRÉE
DE MON VAGIN, PRÊT.
MÊME APRÈS QU'ON SE
SOIT CHAUFFÉS PENDANT
1 HEURE DANS LE LIT.
MÊME SI LA CAPOTE EST
MISE ET QUE TU BANDES
COMME JAJA.
MÊME À CE MOMENT-LÀ,
SI JE DIS NON, C'EST NON.
SACHE QU'IL N'Y A JAMAIS
DE MOMENT OÙ ON EST
ALLÉS « TROP LOIN »
POUR ARRÊTER.

JE VEUX PAS DIRE, MAIS LES POIGNÉES D'AMOUR PENDANT LA LEVRETTE, C'EST QUAND MÊME SUPER PRATIQUE, HEIN !

JE DIS ÇA, JE DIS RIEN.

PARCE QUE T'ES RESTÉ FACILE 20 MINUTES À ME FAIRE UN CUNNI JUSQU'À CE QUE J'AIE UN ORGASME. PAS 2-3 LÉCHOUILLES HISTOIRE DE, EN PLUS !

PS : ON SE REVOIT QUAND TU VEUX.

À TOI QUI AS DÉCIDÉ DE FILMER, SANS PRÉVENIR, PENDANT QUE JE TE FAISAIS UNE FELLATION. J'ESPÈRE AVOIR RÉUSSI À TE FAIRE COMPRENDRE LA DÉFINITION DU CONSENTEMENT. MOI, J'AI COMPRIS CELLE D'UN GROS... J'AI MÊME PAS LES MOTS.

**AVANT,
J'AVAIS HONTE
DE RÉCLAMER
MON
ORGASME.**

**MAIS
ÇA, C'ÉTAIT
AVANT.**

28 FÉVRIER 2019 : ENFIN !

L'Académie française se résout à la féminisation des métiers

TU ES AUTEURE, APPRENTICE, RÉMOULEUSE, COMMERCIALE, PROFESSEUSE, METTEUSE EN SCÈNE, CHEFFE DE CUISINE, MANAGEUSE, RÔTISSIÈRE, MISSILIÈRE, LOTISSEUSE, FACTRICE, SECONDE DE CUISINE, MANNEQUINE, PROCUREURE, AGENTE, MARBREUSE, INSPECTRICE, AÉROSTIÈRE, ROUTIÈRE, CAPORALE, PÉNICHEUSE, GRAVEUSE, PANSEUSE, AMIRALE, COORDINATRICE, RUGBYWOMAN, CALANDREUSE, DÉGUSTATRICE, PARQUETEUSE, RAFFINEUSE, DÉBROUSSAILLEUSE, CASCADEUSE, RÉPARATRICE, KIWICULTRICE, RABBINE, PIZZAÏOLA, MAIRESSE ET AUSSI MAJORE DE PROMO... MAIS UNE MACHINE DE GUERRE AVANT TOUT !

Nous n'attendrons sûrement pas que nos correcteurs automatiques cessent de souligner en rouge ces mots considérés comme des fautes d'orthographe pour les utiliser dans notre quotidien.

VIENS ON ARRÊTE DE FAIRE GENRE, ON RENTRE ET ON BAISE ?

VIENS ON ARRÊTE DE FAIRE GENRE, ON RENTRE ET ON BAISE ??

TU LUI DIRAIS QUOI À TON HARCELEUR OU À TON VIOLEUR, AUJOURD'HUI ?

À TOI QUI PENSES QU'UNE NANA BOURRÉE NE DEMANDE QU'À SE FAIRE VIOLER.
À TON : « JE SAVAIS QUE T'AIMERAIS ÇA, SALE PUTE ! » QUI RÉSONNE ENCORE DANS MA TÊTE.
À TOI QUI N'AS PENSÉ QU'À TA BITE ET À VIDER TES COUILLES.
ET À MOI.

À TOI, LE SERVEUR, QUI AS AUTOMATIQUEMENT DÉPOSÉ L'ADDITION DEVANT LE MEC AVEC QUI J'ÉTAIS. À MON PÉTAGE DE CÂBLE. À SON SOURIRE ENTRE LA FIERTÉ ET LA GÊNE. « JE SUIS TELLEMENT CONTENT QUE TU M'AIES INVITÉ. C'EST LA PREMIÈRE FOIS QUE CE N'EST PAS MOI QUI PAYE, JUSQUE LÀ, JE ME SUIS TOUJOURS SENTI OBLIGÉ. MERCI ! »

EH BAH DIS DONC.

HEP-HEP-HEP...
DONNEZ-MOI
ÇA !!!!

**J'AI BEAU DOUILLER
À CHAQUE FOIS
MAIS, PARFOIS,
SE RENDRE COMPTE
QU'ON A SES RÈGLES
EST LA MEILLEURE
NOUVELLE DU MONDE.**

MAIS VRAIMENT !

#JAIDEUXJOURSDERETARD
#CESTBONCESTLAMERDE
#ETCESTPOURMAGUEULEENCORE
#AHNONCESTBONJAIMESREGLES
#EVERYTHINGISUNDERCONTROL

CETTE SIESTE POST-ORGASME...

QUE DU BONHEUR.

AZYYYY, COUPE-TOI LES ONGLES AVANT DE ME METTRE DES DOIGTS, S'IL TE PLAÎT. SINON, C'EST PAS SUBTILEMENT QUE JE VAIS TE MORDILLER LA BITE À LA PROCHAINE PIPE.

CORDIALEMENT, LA PAROI DE MON VAGIN.

MON AMOUR, VEUX-TU ... TE COUPER LES ONGLES DE PIEDS???
...

LA DOUCHE À DEUX QUI PART EN CACAHUÈTES. (BON, ÇA RESTE PRATIQUE : ON PEUT SE RINCER LA BOUCHE ET LE VISAGE FACILEMENT, APRÈS.)

– T'AS FAIT QUOI DE BEAU, AUJOURD'HUI ?
– OH RIEN, J'AI CHILLÉ DANS MON LIT EN MODE LARVE.

VERSION NON-CENSURÉE :
« JE ME SUIS TOUCHÉE TOUTE LA JOURNÉE, J'AI FAIT QUE ÇA. JE ME SUIS JUSTE LEVÉE POUR ALLER BOIRE, CHERCHER À MANGER ET PISSER. J'AI MAL À LA MAIN DROITE, JE NE SENS PLUS MES JAMBES ET MON CLITO EST HS. »

J'APPELLE ÇA UN DIMANCHE RÉUSSI, PERSO.

**QUAND JE REÇOIS
UN APPEL ALORS QUE
JE SUIS EN PLEIN KIFF
SOLO MASTURBATION
ET QUE JE FAIS GENRE
JE N'AI RIEN VU,
RIEN ENTENDU (ON M'A
TOUJOURS DIT : « CAMILLE,
QUAND TU COMMENCES
QUELQUE CHOSE, TU
FINIS ! »)
ET LE PETIT « OUAIS,
DÉSO, JE FAISAIS DODO ET
MON TÉLÉPHONE ÉTAIT EN
SILENCIEUX.
TU M'AS APPELÉE ? »**

ON CONNAÎT, ON CONNAÎT.

OUAIS... DÉSOLÉE JE ME TOUCHAIS–EUHHH!!! DOUCHAIS*
(AHAH...)

**NON,
JE NE SUIS
PAS ÉPILÉE.**

**J'AI DES POILS,
T'AS DES POILS,
C'EST NORMAL.**

**ALORS FAIS PAS
CHIER, BAISSE TON
FROC ET POILONS
ENSEMBLE !**

EUH, LES GARS.

LA GORGE PROFONDE, C'EST VRAIMENT UN TRUC QUE VOUS KIFFEZ OU C'EST JUSTE HISTOIRE DE REPRODUIRE LE PORNO DE LA VEILLE ?

(QU'ON SACHE SI ÇA VAUT LE COUP DE LIMITE SE FAIRE VOMIR, TU VOIS.)

LES PETS VAGINAUX, C'EST TOUT OU RIEN.

SOIT, C'EST LE FOU RIRE ASSURÉ PENDANT 10 MINUTES ET C'EST REPARTI.

SOIT, C'EST LE GENRE DE PLAN QUI POURRAIT MÊME TE FAIRE DÉBANDER UN MEC SOUS VIAGRA.

LE STRING QUI RENTRE DANS LA FOUFFE ET QUI FAIT MAL, C'EST ENCORE TOUTE UNE HISTOIRE, ÇA.

ON EN PARLE DU PACK DE 3 CULOTTES OU BOXERS À PRIX DISCOUNT, LÀ ?

TU SAIS, CEUX QUI FINISSENT EN « JUST FOR THE RÈGLES »

LA BAAAAASE !

MES BÉBÉS!!!

**JE COMMENCE
À CROIRE QU'IL
Y A DES POSITIONS
QUI ONT ÉTÉ
SPÉCIALEMENT
INVENTÉES POUR
LE MORNING SEX.
TU SAIS, QUAND LE
MODE « HALEINE
DE CHACAL
MATINALE » EST
ENCLENCHÉ.**

QUAND TU FINIS PAR METTRE UN JEAN ET UN PULL POUR SORTIR CE SOIR PARCE QUE, BON : « JE VAIS PRENDRE LE MÉTRO, ET PUIS FLEMME DE ME FAIRE MATER. JE VAIS AUSSI DEVOIR MARCHER VERS 1 H DU MATIN TOUTE SEULE DANS LA RUE ET ON VA ENCORE ME DIRE QUE MA JUPE EST TROP COURTE. »

ALORS QUE, DE BASE, TU AVAIS MIS CETTE JUPE TROP CANON QUI TE FAIT UN BOULE DE L'ESPACE ET DANS LAQUELLE TU TE SENTAIS TROP BIEN AVEC LE PETIT TOP DÉCOLLETÉ QUI MATCHAIT BIEN… MAIS, NON.

SOS, LES FILLES !

LA CUP : BALANCEZ VOS ASTUCES ! J'Y ARRIVE PAS, ÇA RENTRE PAS ! J'AI L'IMPRESSION D'ÊTRE EN TRAIN D'ESSAYER DE METTRE MA COQUE DE TÉLÉPHONE EN SILICONE DANS MON VAGIN.

BREF, LA MERDE.

" BON ALORS, CETTE CUP ?? "
HELP !!! COMMENT ÇA MARCHE ?? ÇA VEUT PAS RENTRER !

SE RÉVEILLER EN PLEINE NUIT RIEN QUE POUR FAIRE L'AMOUR !

CE GENRE DE COURBATURES AUX ADDUCTEURS QUI VEULENT JUSTE TOUT DIRE.

LE PETIT « AH BAH, C'EST MONSIEUR QUI VA ÊTRE CONTENT ! » QUAND TU ESSAYES DES SOUS-VÊTEMENTS EN MAGASIN QUI A LE DON DE BIEN BIEN BIEN M'ÉNERVER.

AH BEN SUPEEEREEEENNN
C'EST MONSIEUR QUI VA—
STOP

**EH, DIS !
MATER DES CULS,
IL N'Y A PAS DE
PROBLÈME, MOI
AUSSI J'EN MATE,
DES CULS. MAIS
FAÇON GROS
PERVERS, T'AS
PLUTÔT INTÉRÊT
À CE QUE JE NE
TE CRAME PAS.**

LE REGARD QUI VEUT DIRE : « J'AI ENVIE DE TOI, LÀ, MAINTENANT, TOUT DE SUITE ! »

**AZY,
ARRÊTE DE
ME LÉCHER
COMME SI
J'ÉTAIS UN
CORNETTO.**

TIENS, J'AI UN CORNETTO.
SINON J'AI MAGNUM, CALIPO, twister, SORBET...

À CE SCANDALE AU SUJET DE MA PILOSITÉ PUBIENNE SACHANT QUE, TOI, T'ES EN MODE TOUFFE DE L'ESPACE, BUISSON DE NOËL, CHEWBACCA IS BACK.

EUHHH, ÇA SE PASSE COMMENT ?

CETTE MISSION COMMANDO DE PÊCHE À LA CAPOTE QUI S'EST PERDUE DANS TON VAGIN : C'EST LE FEU, ÇA AUSSI !

VOICI MON SEXE

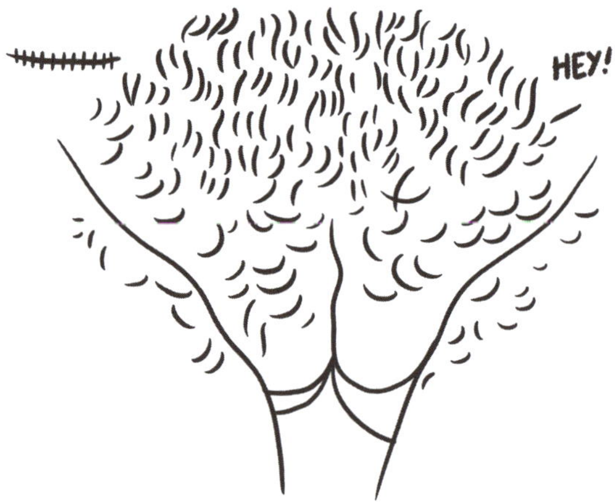

DESSINE TON SEXE,
JUSTE EN DESSOUS, LÀ !

LE RETOUR
DE TES RÈGLES
ALORS QU'ELLES
ÉTAIENT FINIES,
TU SAIS, JUSTE
HISTOIRE DE
TE FAIRE UNE
PETITE SURPRISE.
LA RÉGALADE
ABSOLUE !

JE MOUILLE, MA CULOTTE EST TREMPÉE, ON FAIT COMMENT ?

EN CE SAMEDI SOIR, JE PORTE UN TOAST À NOTRE PREMIÈRE FESSÉE APPRÉCIÉE.

À LA VÔTRE !

JE N'OUBLIERAI JAMAIS TES DOIGTS DE FÉE.

J'ADORE MARCHER EN ME DISANT QUE JE SUIS LA SEULE À SAVOIR QUE J'AI UNE CULOTTE PAR-DESSUS MON COLLANT, HISTOIRE QU'IL NE GLISSE PAS TOUTES LES 3 SECONDES.

Héhé...

SE ROULER DES PELASSES COMME LORSQU'ON AVAIT 14 ANS.

QUAND T'AS
LE MALHEUR
DE TOUSSER
OU D'ÉTERNUER
APRÈS QU'IL
AIT FINI EN TOI.

EXPULSION DE
SPERMATOZOÏDES
DANS 3, 2, 1...

GO, PARTEZ !

À MON MEC QUE J'AI RÉVEILLÉ À 2 H DU MAT EN PLEURS TELLEMENT J'AVAIS MAL AU DOS ET AU VENTRE : BOUILLOTTE ET PAPOUILLES PENDANT 30 MINUTES. IL A FINI PAR ME SORTIR UN « TU SAIS, J'AI QUAND MÊME GRAVE ENVIE DE TOI, EN PLUS, APPAREMMENT, LE SEXE, ÇA PEUT TE SOULAGER. » LE PIRE, C'EST QU'IL AVAIT RAISON : ÇA ALLAIT BEAUCOUP MIEUX APRÈS. À CES ORGASMES QUI SOULAGENT NOS RÈGLES.

TU PEUX METTRE TA MAIN SUR MON CUL QUAND ON S'EMBRASSE, JE NE T'EN VOUDRAI PAS DU TOUT.

(JE VAIS PRENDRE TA MAIN ET LA METTRE SUR MON CUL, CE SERA PLUS SIMPLE, JE PENSE.)

À L'ÉTÉ, À SES ROBES SANS CULOTTES, À CETTE SENSATION DE LIBERTÉ CACHÉE AUX YEUX DE MONDE ENTIER.

1. **CRAMER UN PERVERS PRENDRE UNE PHOTO D'UNE FILLE DE 14 ANS À PEINE DANS LE MÉTRO.**

2. **LE VOIR SE TOUCHER ENSUITE.**

3. **LUI DIRE : « ÇA VA, JE TE DÉRANGE PAS, CONNARD ? »**

4. **LE METTRE DEHORS EN L'INSULTANT DE TOUS LES NOMS.**

5. **SE RASSEOIR EN SE SENTANT BIENNNNN MIEUX.**

**CE MOMENT APRÈS
LE SEXE ET JUSTE
AVANT LA SIESTE OÙ
L'ON RESTE EMBOÎTÉS
PENDANT 20 MINUTES
JUSTE HISTOIRE
DE REPRENDRE
NOTRE SOUFFLE ET
DE PROFITER DES
PAPOUILLES.**

**VITE, 1 L D'EAU TRÈS
FRAÎCHE ET UNE
DOUCHE !**

– CELA FAIT DÉJÀ 2 HEURES QUE J'Y PENSE.

– À QUOI ?

– À CE MOMENT OÙ JE VAIS ENFIN POUVOIR RENTRER CHEZ MOI, ME POSER ET ME TOUCHER LE CLITO PÉPÈRE.

BONJOUR 50€
S'IL VOUS PLAIT
60€
clic
clic
VRRRRR

ET DIRE QU'IL Y A 80 ANS, ON FAISAIT SCANDALE EN AYANT EU L'AUDACE DE METTRE UN PANTALON.

WANTED

J'ASSUME : JE FAIS PARTIE DE LA TEAM DOMINÉE AU LIT MAIS PAS DANS LA VIE. JE SUIS IMPULSIVE, J'AI UN FORT CARACTÈRE, JE NE ME LAISSE PAS FAIRE MAIS J'ADORE QU'ON ME TIRE LES CHEVEUX ET J'AI UN PETIT PENCHANT POUR LES MENOTTES.

SE RÉVEILLER LE MATIN AVEC SA MAIN POSÉE SUR TON CUL.

CHAQUE MATIN.

AIMER ÇA AUTANT QUE CE QUI VA SUIVRE.

#MORNINGSEX

BEYONCE MODE ON :

DANS LA CABINE EN TRAIN D'ESSAYER TES SOUS-VÊTEMENTS, QUAND TU TE SENS TROP SEXY À LA LIMITE DE LA FEMME FATALE.

PRENDRE DES NUDES.

COMMENCER À TROP RÉFLÉCHIR.

RÉALISER QUE JE SUIS À POIL DEVANT MON MIROIR EN TRAIN DE ME PRENDRE EN PHOTOS.

ME SENTIR CON.

ME RHABILLER ET REPARTIR VAQUER À MES OCCUPATIONS.

T'IMAGINES SI LES FEMMES AVAIENT DES ÉRECTIONS CLITORIDIENNES LE MATIN AU RÉVEIL ?

LE COURS DE SVT QUE TU N'AS JAMAIS EU !

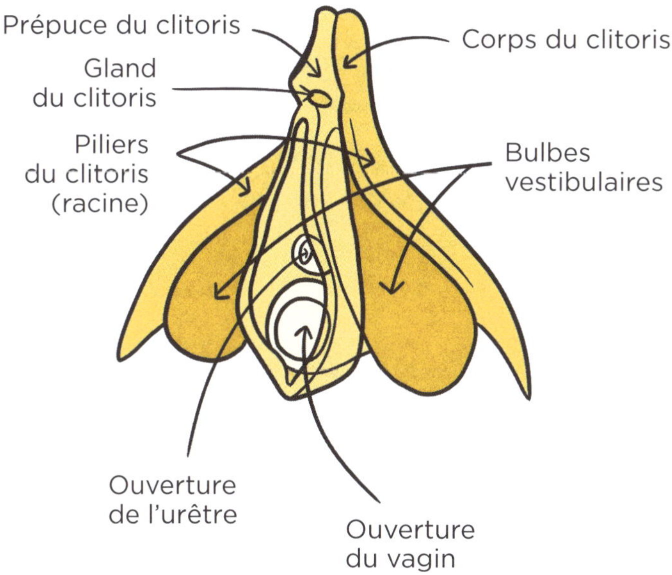

LENDEMAIN DE SOIRÉE : QUAND TU DÉCOUVRES VIA FACEBOOK QUI TU AS ***VRAIMENT*** CHOPPÉ LA VEILLE EN SOIRÉE.

NOOOOON...
MESSENGER
CON D'EX :
"_ C'ÉTAIT COOL HIER SOIR ;)"
BZZZ BZZZ

**CE SOIR,
JE PORTE
UN TOAST
À MON
GARS SÛR :
MON TUBE DE
LUBRIFIANT.**

**MERCI D'ÊTRE
LÀ, JE T'AIME !**

– TU VAS OÙ ?

– CHANGER MON TAMPON.

– AH OK, PARDON !

PARDON POUR ?

SINCÈREMENT, ENTRE NOUS, UNE BELLE BITE QUI BANDE, C'EST QUAND MÊME TRÈS EXCITANT.

CE MOMENT OÙ TU ES À LA SALLE DE SPORT SUR TON VÉLO ET QUE LES FROTTEMENTS CONTRE LA SELLE COMMENCENT À TE PROCURER UN PEU TROP DE PLAISIR ET DE SENSATIONS.

#NEPASJOUIR

**HEYYYYYY !
AVEC FORCE
ET
PERSÉVÉRANCE,
J'AI ENFIN
RÉUSSI À
METTRE MA CUP.**

HALLELUJAH.

**CES MECS
QUI, QUAND ILS
APPRENNENT
AU DERNIER
MOMENT QUE
TU AS TES RÈGLES,
S'EN FOUTENT,
NE BRONCHENT
MÊME PAS ET
CONTINUENT À
FAIRE EXACTEMENT
CE QU'ILS ÉTAIENT
EN TRAIN DE FAIRE
AVANT.**

JE VOUS AIME.

À TOI QUI AS RÉUSSI À ME FAIRE DÉCOUVRIR DES ZONES ÉROGÈNES DE MON CORPS QUE JE NE CONNAISSAIS PAS JUSQU'À PRÉSENT.

CE PETIT MOT DES VOISINS GLISSÉ SOUS MA PORTE ME DEMANDANT D'ÊTRE MOINS EXPRESSIVE PENDANT MES ÉBATS SEXUELS.

#FEMMESBRUYANTESAULIT

ON EN PARLE DE CE RASAGE FAIT EN DEUX-DEUX PARCE QUE TU AS REÇU SON MESSAGE À 23 H, PRÊTE À ALLER TE COUCHER ET QUE ÇA FAIT 2 SEMAINES QUE LA NATURE A REPRIS SES DROITS ?

#ALARACHEBONSOIR

23:00
On se voit? ;)♡
BOY BYE
CHIPS

PARCE QUE L'ON SAIT REFERMER NOS CUISSES AUSSI VITE QU'ON OUVRE NOS GUEULES.

SE DIRE QUE LE PREMIER COUP SERA LA FOIS DE TROP.

SE PROMETTRE QUE LE PREMIER COUP SERA LE DERNIER.

PAR CONTRE,
TAILLER UNE PIPE
LE NEZ BOUCHÉ,
C'EST JUSTE PAS
POSSIBLE.

T'ES LÀ,
EN APNÉE, À FAIRE
UNE PAUSE TOUTES
LES 10 SECONDES.

LE NEZ QUI COULE
ET TOUT.

NON.

GROSSE GALÈRE.

PRÉLIS : « OH ALLEZ, C'EST PAS EN SUÇANT QUE TU VAS CHOPER UN TRUC, TU PEUX MÊME AVALER, J'AI RIEN ! »

JUSTE AVANT L'ACTE : « NON MAIS TU PRENDS LA PILULE, NON ? DU COUP, J'AI PAS BESOIN DE METTRE DE CAPOTE, TU NE VAS PAS TOMBER ENCEINTE, T'FAÇON. »

T'ES MIGNON, VA, TRÈS MIGNON !

À TOI, GYNÉCO, QUI AS VOLONTAIREMENT OMIS QUE MON ANTRE ÉTAIT REMPLIE DE NERFS, RENDANT UNE HYSTÉROSCOPIE EXTRÊMEMENT DOULOUREUSE, SANS ANESTHÉSIE.

MON UTÉRUS ET MON VAGIN SONT À TRAITER COMME TU TRAITERAIS TA BITE !

#HÉMORRAGIEBONJOUR

QUAND TU PENSES QUE C'EST LE FEU AU LIT, QUE T'AS CONNU LE SUMMUM ET PUIS, QU'UN JOUR, TU RENCONTRES QUELQU'UN QUI TE FAIT VÉRITABLEMENT COMPRENDRE LA DÉFINITION DE « PRENDRE SON PIED ».

**AUJOURD'HUI,
JE PORTE UN TOAST
À MON PETIT COUSSIN.**

**QU'IL SOIT SOUS MES
GENOUX PENDANT
UNE BONNE LEVRETTE,
DURANT UNE
FELLATION IMPROVISÉE
SUR LE CARRELAGE
OU ENCORE CELUI QUI
REHAUSSE LE BASSIN
DANS CERTAINES
POSITIONS.**

TOI, T'ES UN VRAI !

TELLEMENT BON QU'IL N'Y A PLUS AUCUN SON QUI SORT DE MA BOUCHE.

JE VIENS DE (RE)DÉCOUVRIR LE HUMPING.

C'EST DÉMENT, CE TRUC. MAIS VRAIMENT !

#RIPMACOUETTE

J'AI DANSÉ TOUTE LA SOIRÉE : MAIS MALHEUR, CE DÉHANCHÉ !

JE SUIS CHAUDE COMME UNE BARAQUE À FRITES.

ON RENTRE ET ON FAIT LA MÊME AU LIT ?

EN CE DIMANCHE MATIN, JE PORTE UN TOAST À MON MEILLEUR AMI : MON POMMEAU DE DOUCHE OPTION MASSAGE. TU VOULAIS RÉELLEMENT SAVOIR POURQUOI MES CUISSES SONT SI MUSCLÉES ?

1. **LA BONNE PRESSION**
2. **LA BONNE TEMPÉRATURE**
3. **LE KIFF**

VOIR DANS TON REGARD QUE JE SUIS EN TRAIN DE TE RENDRE OUF.

TELLEMENT JOUISSIVE, COMME SENSATION.

« SOIS SAGE ET TAIS-TOI ! »

TRÈS PEU POUR MOI, PAR CONTRE J'ACHÈTE LE « TAIS-TOI ET EMBRASSE-MOI ! »

QUAND TU VEUX.

CE MATIN OÙ
TU COMMENCES À
BOIRE DES LITRES
D'EAU ÉTANT
DONNÉ QUE TU AS
OUBLIÉ D'ALLER
PISSER APRÈS
LA FOLLE NUIT
DE LA VEILLE.

ÇA PIQUE
SA RACE !

– JE TE FILE UN P'TIT COUP DE MAIN ?

– NON, PAR CONTRE, SI TU VEUX ME FILER UN P'TIT COUP DE REIN, J'ACCEPTE VOLONTIERS !

ET DIRE QU'IL Y A QUELQUES ANNÉES, J'AI ACHETÉ DES CRÈMES ANTI-VERGETURES ET ANTI-CELLULITE, QUE JE LES AI APPLIQUÉES RIGOUREUSEMENT, COMME S'IL S'AGISSAIT D'UN TRAITEMENT. TU SAIS, COMME S'IL Y AVAIT QUELQUE CHOSE À SOIGNER, À GUÉRIR. OUAIS ET BIEN, MAINTENANT, JE DIS BIEN MERDE À TOUTES CES CONNERIES-LÀ !

JUSTE UN PETIT MOT À TOUS LES HOMMES QUI SE PROCURERONT CE LIVRE, LIRONT CE LIVRE OU MÊME UN PASSAGE, OFFRIRONT CE LIVRE, RECEVRONT CE MESSAGE EN CAPTURE D'ÉCRAN, OU MÊME TOMBERONT DESSUS PAR HASARD :

JE SUIS FIÈRE DE TOI ET SURTOUT MERCI !

Jeremy Bentham • 1748-1832 • Philosophe et juriste britannique du siècle des Lumières, il a lutté pour la dépénalisation de l'homosexualité et pour que les femmes aient les mêmes pouvoirs et le même poids dans la vie civique et politique que les hommes.

Pierre Foldès • 1951 • Urologue et chirurgien français, surnommé « l'architecte du clitoris », il est l'inventeur avec Jean-Antoine Robein d'une méthode chirurgicale permettant de réparer les dommages causés par l'excision. Il co-fonde en 2014 l'Institut Women Safe avec Frédérique Martz qui a pour but la prise en charge des femmes et enfants victimes de violences.

Léon Richer • 1824-1911 • Journaliste français, il est le créateur de l'Association pour le droit des femmes en 1869. C'est à lui qu'on doit la citation : « Il est difficile de composer le bonheur de l'homme avec la souffrance de la femme. »

Denis Mukwege • 1955 • Gynécologue kino-congolais, il est le Prix Nobel de la Paix 2018. En 15 ans, « l'homme qui répare les femmes » a pris en charge plus de 40 000 femmes victimes de mutilations génitales.

Grégory Pincus • 1903-1967 • Médecin et biologiste américain, créateur de la pilule contraceptive.

Charles Fourier • 1772-1837 • Auteur français de *La théorie des quatre mouvements et des destinées générales* publié anonymement en 1808. Le mot « féminisme » naît vers 1830 et c'est à lui que son apparition est attribuée. C'est également le chef de file du mouvement fouriériste qui se distingue par ses prises de position en faveur de la liberté des femmes.

Qasim Amin • 1863-1908 • Écrivain et penseur égyptien connu comme l'un des principaux instigateurs du courant féministe arabe. Son œuvre principale *Tahir al-mar'a (La libération de la femme)* est publié en 1899. Il y affirme que l'éducation et l'autonomie des femmes sont des signes de modernité et que le statut de la femme au sein d'une société reflète le niveau de civilisation atteint par cette dernière.

Jyotirao Govindrao Phule • 1827-1890 • Intellectuel et militant indien. Il est connu pour ses engagements contre le système de castes et pour l'éducation des femmes et des « castes inférieures ».

William Moulton Marston • 1893-1947 • Psychologue, écrivain, scénariste et Professeur américain. En 1941, il propose au responsable éditorial de *All-American Publications* le concept d'une super-héroïne qui serait une « alternative à toute la violence masculine » : *Wonder Woman*. C'est une nouveauté importante dans un univers où il n'existait avant elle que des supers-héros masculins.

CES SUPER-HÉROS FÉMINISTES

Peut-on parler de féminisme quand on est un homme ? Quelle place laisse-t-on aux hommes dans cette révolution ?

Pourquoi certains hommes ont-ils peur de dire qu'ils sont féministes ?

Et enfin, la pépite des pépites : un homme peut-il être féministe ?

La réponse est évidente, pourtant, je pense que beaucoup en doutent encore.

Pourquoi une femme qui se dit féministe, c'est « normal », alors que pour un homme, ce serait une surprise, voire un exploit ?

J'aimerais bien que l'homme féministe devienne de plus en plus une espèce en voie d'apparition.

Le mouvement « HeForShe » initié par ONU Femmes en 2014 est le parfait exemple de la voie que nous devons prendre.

C'est notre devoir à nous, femmes, d'intégrer les hommes et les garçons dans ce combat pour l'égalité dans lequel on ne leur a jamais vraiment laissé de place jusqu'à aujourd'hui.

On a tendance à penser que c'est une lutte des femmes, par les femmes et pour les femmes.

Or non ! Moi je suis convaincue que c'est une lutte qu'on ne gagnera pas seules.

C'est surtout un combat qui nous concerne toutes et tous.

Être un homme féministe, c'est avant tout être quelqu'un de bien : gay, blanc, noir, hétérosexuel, cisgenre, transgenre, bicurieux, avec une frange ou encore des faux seins ; être quelqu'un de bien.

CE MOMENT OÙ UN MEC TE DEMANDE TON MEILLEUR COUP ET QUE TU RÉPONDS LE PLUS SIMPLEMENT DU MONDE :

« TIFFANIE »

TIFFANIE !!
ET TOI ?

1. ON FERME LES VOLETS.
2. CULOTTE EN BAS DES CHEVILLES.
3. PORTABLE EN MODE AVION.
4. NAVIGATION PRIVÉE.
5. ON SE RECAPTE DANS 40 MINUTES.
6. LA BISE.

SI TU SAVAIS LE NOMBRE DE FOIS OÙ JE ME SUIS TOUCHÉE EN PENSANT À TOI.

OUI, À TOI EN PARTICULIER.

QUAND IL TE CARESSE LES JAMBES, QU'IL SENT QUE TU N'ES PAS ÉPILÉE ET QU'IL TE DIT :

« TU PIQUES, J'ADORE ! »

ALORS LÀ, MAIS LÀ, JE SAIS QUE JE VAIS PASSER UN BON MOMENT.

MAIS TU SAIS, J'ADORE MOI !!

**UN MEC ME
MONTRE SA BITE
EN PLEINE RUE.
JE LUI RÉTORQUE :
« QUAND ELLE EST SI
PETITE, VAUT MIEUX
PAS LA MONTRER ! »**

**LE MEC EST DEVENU
BLANC, A FERMÉ
SA GUEULE ET
A TRÈS VITE
REMONTÉ
SON FROC.**

TU SAIS QUE T'ES ARRIVÉE À UN NIVEAU D'AMITIÉ SUPRÊME QUAND TU VIENS DE PASSER UNE HEURE AU TÉLÉPHONE AVEC TA MEILLEURE AMIE ET QU'EN FIN DE DISCUSSION, ELLE TE PARTAGE SES MEILLEURES TECHNIQUES DE HUMPING.

EN MODE BONUS, T'SAIS.

ON EN PARLE DU PLAN MÉGA HORNY QUAND J'AI MES RÈGLES ?

ME TOUCHER DEVANT TOI.

1. **TU ANALYSES CE QUE JE FAIS.**
2. **TU COMPRENDS COMMENT JE LE FAIS.**
3. **TU REPRODUIS CE QUI ME PLAÎT.**
4. **MOI = CONTENTE.**

LE SEXE JUSTE POUR DU SEXE, C'EST BIEN AUSSI !

JUSTE PARCE QUE J'AI ENVIE DE COUCHER AVEC TOI, TU VOIS.

**ON VEUT
DU RESPECT,
ON VEUT
DU RESPECT…
PAR CONTRE,
ON EST TOUTES
D'ACCORD POUR
AFFIRMER QUE
PENDANT
LA LEVRETTE,
Y'A PLUS
DE RESPECT
QUI SOIT !**

CE MOMENT AU LIT, QUAND TU SAIS QUE T'ES EN TRAIN DE GÉRER DE FOU, LIMITE T'AS ENVIE DE T'AUTO-FÉLICITER. GENRE :

« BON BOULOT, CAMILLE, FRANCHEMENT GOOD JOB ! »

C'ÉTAIT TELLEMENT BON...

EH TOI !

**OUAIS,
OUAIS, TOI.**

T'ES BELLE !

**(LE RESTE,
ON S'EN BAT
LE CLITO,
MAIS GRAVE.)**

« ÇA SENT TOI ! » JE TE JURE !

INEXPLICABLE, MAIS TON ODEUR A LE DON DE M'EXCITER EN 3 SECONDES TOP CHRONO.

À CETTE LIBIDO RETROUVÉE APRÈS AVOIR ARRÊTÉ LA PILULE.

BIEN BIEN BIEN RETROUVÉE, JE DIRAIS MÊME.

**À TOI QUI,
AVEC APLOMB
ET SENSUALITÉ,
TOUCHES,
REGARDES,
EMBRASSES,
CARESSES CHAQUE
PARTIE DE MON
CORPS COMME
SI J'ÉTAIS LA
FEMME LA PLUS
EXCITANTE QUE
TU AIES JAMAIS
VU.**

QUAND TU METS TON TAMPON TROP LOIN, PAR PEUR DE NE PAS BIEN LE METTRE, ET QUE TU TE RETROUVES EN MODE PANIQUE EN NE TROUVANT PLUS LA FICELLE.

« OH PUTAIN, ELLE EST OÙ, ENCORE ? »

#ÀLACHASSEAUTRÉSORDANSMONVAGIN

HALLELUJAH!!!

JE VOIS EXACTEMENT CE QUE VENAIT DE FAIRE LA FEMME QUI A INVENTÉ L'EXPRESSION : « ON N'EST JAMAIS MIEUX SERVI(E) QUE PAR SOI-MÊME » !

JE COUCHE LE PREMIER SOIR ET JE T'EM****E !

NOS PREMIÈRES FOIS

> **1930** • Germaine Cellier
Première femme à avoir exercé le métier de nez.

> **1933** • Eugénie Brazier
Première Cheffe femme à obtenir 3 étoiles au guide Michelin en France.

> **1942** • Margot Duhalde
Première et seule femme aviatrice des Forces françaises libres pendant la Seconde Guerre mondiale.

> **1979** • Simone Veil
Première Présidente du Parlement européen.

> **1980** • Marguerite Yourcenar
Première femme élue à l'Académie française.

> **1988** • Myriam Ezratty
Première présidente de la Cour d'appel de Paris.

> **1995** • Marie Curie
Première femme à être entrée au Panthéon pour sa propre œuvre.

> **1996** • Claudie Haigneré
Première astronaute française à aller dans l'espace.

> **2014** • Anne Hidalgo
Première femme nommée au poste de Maire de Paris.

> **2014** • Corinne Diacre
Première entraîneuse d'une équipe de football professionnel masculin (Clermont Ferrand).

> **2016** • Sophie Bellon
Première PDG d'une entreprise du CAC 40 (Danone).

Ne laisse jamais quelqu'un te dire que « tu n'y arriveras pas ».

Vedika Goel

On n'oublie jamais sa première fois (quoique, on aimerait bien, parfois...).

On oublie encore moins les premières fois de celles qui ont marqué l'histoire de France.

Certaines parce qu'elles ont mis un pied dans l'espace, encore plus haut que le 7e ciel, d'autres parce qu'elles ont créé des parfums qui occupent encore les rayons de nos parfumeries comme Bandit ou Fracas, d'autres encore parce qu'elles font partie des références gastronomiques, scientifiques, politiques, économiques ou littéraires françaises ou encore parce qu'on leur doit l'une des plus belles lois, symbole majeur de notre émancipation.

Mesdames,

Merci de nous avoir ouvert le chemin des possibles...

À nous de jouer.

Sincèrement vôtre,

Camille.

JE SUIS UNE FILLE.

J'AI 12 ANS.

JE VIENS D'AVOIR
MES RÈGLES.

JE NE VAIS PLUS
À L'ÉCOLE.

DANS MON PAYS,
JE SUIS CONSIDÉRÉE
COMME IMPURE.

JE SUIS UNE FEMME.

J'AI 52 ANS.

JE N'AI PLUS MES RÈGLES.

JE VAIS RETOURNER À L'ÉCOLE.

DANS MON PAYS, JE NE SUIS PLUS CONSIDÉRÉE COMME IMPURE.

EH OH !

VOUS AVEZ ENVOYÉ DES BONHOMMES SUR LA LUNE ET TU VAS ME FAIRE CROIRE QU'ON N'A PAS TROUVÉ DE TRAITEMENT CONTRE L'ENDOMÉTRIOSE ?

UN TRAITEMENT CONTRE L'ENDOMETRIOSE ?? AHAHAHAH NON.
EH OUAIS MA GUEULE !!!

E coutez-moi pour une fois :
N on, je n'ai pas juste « un peu mal au ventre ! » et, non, c'est n'est pas normal !
D ouleurs insupportables
O rganes ravagés
M énopause artificielle
E t c'est tout !
T raitement non-existant
R apports sexuels devenus presque une torture
I solement
O n ne se bouge pas car c'est une maladie qui ne touche que les femmes
S ouffrir en silence depuis trop longtemps
E t moi, j'ai envie de crever, parfois.

L'endométriose touche 1 femme sur 10.
C'est une maladie liée aux règles alors, forcément, c'est tabou.
Moi, je m'en suis rendu compte à cause de mes règles qui étaient plus que très douloureuses et des rapports qui viraient au supplice, presque à chaque fois.
J'ai serré les dents et je me suis tue.
Trop de fois. Jusqu'à ne plus vouloir de sexe, ça me fait peur.
Je comprends pas, c'est censé être agréable et faire du bien.
Pas pour moi.
Une fois par mois, j'ai mes règles.
Banal, tu me diras !
Pas 3 jours, pas 4 jours, 8 jours, mes règles.
8 jours avec la même intensité de douleur.
8 jours à me vider de mon sang : tampons qui se remplissent en 30 minutes pendant 8 jours.
La nuit, je dors pas : je dois aller me changer toutes les heures, quand il ne s'agit pas de mes draps.
Je vomis, je tombe dans les pommes, je fais des malaises, j'ai la diarrhée, j'ai des sueurs froides et des bouffées de chaleur.
Je pleure, beaucoup.
Non, pas parce que j'ai mes règles, connard ! Mais parce que je souffre, que rien ne marche, que personne ne m'entend et que j'ai juste envie d'avoir 50 ans pour en finir avec tout ça.
Les médicaments ? Hahahaha. Les cachets, je les prends 3 par 3 et ça ne change rien.
Tu comprendras que le cours de philo, le bac blanc de géo, la réunion avec le directeur commercial, le week-end à Madrid ou le menu dégustation VIP pour la table de Monsieur Jalbert, c'est le dernier de mes soucis.
J'espère que ça ne tombera pas pendant le bac... la merde, sinon.
Je ne sais même pas si je vais pouvoir être enceinte un jour, ni vraiment prendre mon pied au lit, ni juste pouvoir vivre normalement pendant cette semaine du mois.
J'en peux plus des « Oh ça va, prends un truc et arrête de faire la chochotte ! » et des « Non mais Camille, avoir mal pendant ses règles, c'est normal ! »
Si les hommes pouvaient être atteints d'endométriose, le remède aurait été trouvé depuis longtemps.

Bisous sur la fesse gauche,
Camille.

T'ES CANON, OK ?

JE DIRAIS MÊME QUE T'ES UNE BOMBE, TOUTE NUE.

ALORS LAISSE LA LUMIÈRE ALLUMÉE.

TU SAIS CE QU'ON VA FAIRE, LA PROCHAINE FOIS ?

JE VAIS TE GUIDER ET TE MONTRER *THE SPOT* QUI ME FAIT VRILLER.

TU REVIENS ET ON RÉESSAYE ?

GROS BISOUS, À TOUTES !

QUAND
T'ATTENDS
TON COLIS :

« UN JOUR...
MON GODE
VIENDRAAAAAA...

UN
JOUR...
ON
S'AIMERAAAAAAA ! »

« JE VOUDRAIS LUI DIRE :

“MAIS PLAQUE-MOI CONTRE UN MUR ET PRENDS-MOI !”

MAIS COMMENT LUI AVOUER

MON SECRET, MES PROBLÈMES ?

IMPOSSIBLE, IL SERAIT TROP CHOQUÉ ! »

LIBÉRÉE... DÉLIVRÉE... JE NE SIMULERAI PLUS JAMAIS !

LIBÉRÉÉÉÉÉÉÉE!!!

L'AMOUR, C'EST COOL, HEIN !

MAIS UN BON CUNNI...

LES PERTES BLANCHES OU L'ILLUSTRATION MÊME DE L'EXPRESSION :

« IL Y A À BOIRE ET À MANGER LÀ-DEDANS ! »

AKA LE BUFFET À VOLONTÉ DANS MA CULOTTE.

OUI, CHEFFE !

Petit rappel qui pique en cuisine :
94 % de chefs et 6 % de cheffes en France !

Voici une liste de Cheffes incroyables à découvrir…

Sophie Garcia • Les Inséparables • 12 Rue Francoeur • Paris

Louise Jacob • Pottoka • 4 Rue de l'Exposition • Paris

Tatiana Levha • Le Servan • 32 Rue Saint - Maur • Paris

Manon Fleury • Le Mermoz • 16 Rue Jean Mermoz • Paris

Andrée Rosier • Les Rosiers • 32 Avenue Beau Soleil • Biarritz

Blandine Lucas • Essentiel • 11 Rue Armand Rebillon • Rennes

Nhung Phung • Song Saveurs et Sens • 5 Rue Santeuil • Nantes

Marie Fourez • Les Façonniers • 16 Rue Léon Gambetta • Toulouse

Patricia Miguet • Un Tablier pour Deux • 164 Avenue Victor Hugo • Valence

Davia Chambon et Sophie Lauzet • Deux Filles en Cuisine • 32 Rue des Tables Claudiennes • Lyon

Françoise Mutel • La Maison dans le Parc • 3 Rue Sainte Catherine • Nancy

Avant de parler de clitos sur Instagram, il faut que je te rappelle que ma passion, et ce depuis toute petite, c'est la cuisine.

Le milieu de la gastronomie française, la course aux étoiles, les techniques complexes et les dressages minutieux (et non « féminins », merci, au revoir !) ça m'a toujours fait mouiller ma culotte.

J'AI TOUJOURS RÊVÉ D'ÊTRE LA PREMIÈRE CHEFFE FEMME NOIRE FRANÇAISE ÉTOILÉE AU GUIDE MICHELIN.

J'ai fait une école de cuisine pendant 4 ans et je ne remercierai jamais assez mes chefs de m'avoir formée comme ils l'ont fait. Alors oui, j'ai douillé, et c'est peu dire, mais pour la plupart, ils m'ont tout donné !

Les autres ? Merci également à vous, vous m'avez montré le chemin à ne surtout pas emprunter en termes de respect de l'autre, de bienveillance et d'autorité. J'ai très vite compris qu'être une femme dans le milieu de la restauration, c'était très compliqué.

Ta place n'est jamais acquise : tu dois prouver tous les jours que tu n'es pas là pour ton joli fessier rebondi ou encore tes beaux yeux, mais bel et bien parce que t'es bonne dans ce que tu fais : aussi douée qu'un homme.

Mais alors, en tant que femme noire, d'1,85 m, avec des grandes lunettes, la tête rasée, un caractère comme le mien et une langue loin d'être dans ma poche... ce n'était pas la même histoire. À ce moment-là, je me suis promis d'être la meilleure : pour moi et un peu pour mon père, aussi (enfin beaucoup, même).

Quand tu deviens une machine de guerre d'un point de vue technique, qu'ils ont limite absolument besoin de toi et que le vide se fait sentir quand tu as le malheur de tomber malade... être noire ou jaune, avec des cheveux ou non n'a plus aucune importance.

Et là, ça devient intéressant. Dans mon métier, j'ai trop souvent eu le ressenti que je devais, en tant que femme, faire deux fois plus d'efforts pour obtenir la moitié de ce que certains hommes avaient. Je t'assure que ça fout en rogne.

Alors oui, il existe des chefs qui tiennent des adresses méritant amplement d'être citées, mais c'est aux cheffes que je voudrais donner plus de visibilité.

J'ai envie de dire « À table ! »

Ça reste un métier magnifique, qui me passionne et j'espère avoir l'occasion de nouer mon tablier à nouveau très très vite !

Chef Darney, Chef Haton et Chef Mignot... un grand merci, du fond des tripes.

Culinairement vôtre,
Bagheera

Y'A PAS DE MOCHES CHATTES OU DE JOLIES CHATTES !

Y'A JUSTE DES CHATTES NORMALES QUI, AUX DERNIÈRES NOUVELLES, NE SONT PAS LÀ POUR FAIRE LES BELLES !

« **ON PEUT EMBRASSER À 22 HEURES ET REFUSER D'AVOIR DES RELATIONS SEXUELLES À 1 HEURE DU MATIN !** »

PHILIPPE COURROYE

« NON MAIS, UNE VRAIE FILLE, ÇA... »

TATATATATATATA.

NON.

TAIS-TOI.

MERCI.

BYE.

JE T'AI TROMPÉ TELLEMENT DE FOIS DANS MA TÊTE...

Silence, ça tourne !

Kirikou et la sorcière • Michel Ocelot • 1998

Todo sobre mi madre • Pedro Almodovar • 1999

Billy Elliot • Stephen Daldry • 2000

Le voyage de Chihiro • Hayao Miyazaki • 2001

Little Miss Sunshine • Jonathan Dayton • 2006

Volver • Pedro Almodovar • 2006

The help • Tate Taylor • 2011

Hidden Figures • Theodore Melfi • 2016

Revolutionary Road • Sam Mendes • 2008

Period. End of Sentence • Rayka Zehtabchi • 2018

> *Kirikou et la sorcière* • Michel Ocelot • 1998

Il n'y a pas d'âge pour regarder des dessins animés. Il y a encore moins d'âge pour comprendre les véritables messages qu'ils délivrent. C'est ce qu'a voulu nous faire comprendre Michel Ocelot, en dénonçant sous forme d'allégorie les viols de guerre commis en Afrique à travers son chef-d'œuvre.

Je regarde ce film depuis que j'ai 3 ans, il fait partie de mes classiques indémodables et c'est aujourd'hui, à 22 ans, que je lui offre une deuxième lecture.

Nous sommes confrontés à une sorcière semblant avoir été maltraitée. Un groupe d'hommes lui a enfoncé une épine dans le dos. La conséquence ? Cela la fait terriblement souffrir et ça change son comportement. Elle s'interdit l'amour et les hommes lui inspirent le dégoût. Et si cette épine était plus qu'une épine ? Et si cela était une métaphore faisant référence à un crime sexuel, un viol collectif ? Ce symbole représenterait, selon le réalisateur lui-même, le mal que les hommes font aux femmes et la souffrance indélébile qui en découle.

Le fétiche, sur le toit de la case de la sorcière, symbolise la vigilance et la culpabilité que certaines femmes peuvent s'imposer par rapport aux hommes.

Kirikou est petit... mais il s'intéresse au comportement de la sorcière et veut surtout comprendre la raison pour laquelle elle réagit ainsi.

Kirikou est petit... mais il veut apaiser les souffrances de la sorcière.

Kirikou est petit... mais avec patience et bienveillance, il lui arrache cette épine empoisonnée qui la rendait si malheureuse.

**« KIRIKOU MON AMI NOUS A REDONNÉ LA VIE.
KIRIKOU N'EST PAS GRAND, MAIS IL EST VAILLANT.
KIRIKOU EST PETIT, MAIS C'EST MON AMI. »**

Je n'ai pas pu m'empêcher de chantonner en écrivant ces extraits de paroles.

Va donc écouter la bande originale de ce magnifique film : *La chanson de Kirikou* de Youssou N'Dour.

> *Period. End of Sentence* • Rayka Zehtabchi • 2018
ou l'oscar du meilleur court métrage documentaire en 2019…

Ce film nous plonge dans la vie des femmes d'une ville rurale en Inde. On y découvre comment le tabou des règles – considérées comme « sales » – pourrit (et je pèse mes mots) leur quotidien.

Ce rappel me permet de me rendre compte qu'il y a des pays où les règles, phénomène normal et naturel, sont la raison pour laquelle certaines filles ne vont plus à l'école, doivent quitter leur foyer pour ne pas « contaminer » l'environnement.

Elles n'ont pas le droit de se laver et se débrouillent comme elles peuvent pour éponger leurs règles, des torchons aux feuilles séchées, en passant par le sable. Comme si avoir de quoi recueillir ce sang relevait d'un confort, d'un bien-être accessoire ou encore d'un luxe.

« A PERIOD[1] SHOULD END A SENTENCE, NOT A GIRL'S EDUCATION. »

UN POINT DEVRAIT MARQUER LA FIN D'UNE PHRASE ET NON L'ÉDUCATION D'UNE FILLE.

1. *Period*, en anglais, signifie aussi bien « point » que « règles ». Vous comprendrez le jeu de mots.

>De *Billy Eliott* à *Little Miss Sunshine*

Combien de fois je ne me suis pas dit que ce n'était pas pour moi ou que, de toute façon, je n'y arriverais pas ? Je pense que c'est pour ça que j'aime encore toujours autant regarder *Billy Elliot* et *Little Miss Sunshine*.

Parce que Billy est issu d'un village minier en Angleterre. Qu'à l'âge où son père voudrait qu'il fasse de la boxe, il est passionné par la danse classique. **Qu'il en a bavé mais qu'il finira par être danseur étoile.** Ce film retrace de façon juste les inconvénients de la puberté, l'influence de la famille sur notre vie et à quel point il est important d'avoir du culot et de se donner les moyens de parvenir à ses rêves.

Et puis il y a Olive. **On a toutes été Olive à un moment donné** et ça me fout des frissons de voir à quel point son père a d'abord essayé de la dissuader de participer à ce concours de beauté, de peur qu'elle ne soit déçue. Puis, après moult rebondissements, un road-trip en camping-car plongeant chacun dans une introspection d'une intensité rare, elle finit par obtenir le soutien de toute sa famille qui l'encourage non seulement à participer à ce concours de beauté, où « superficialité » est le maître-mot, mais à se présenter comme elle le souhaite.

LA MEILLEURE VERSION D'ELLE-MÊME, EN FAIT.

Quoi ? Petite fille ronde, avec un bon gros ventre et ne collant pas au stéréotype de la parfaite petite fille de 7 ans ? Tu penses te présenter à un concours de beauté ? Et comment, fonce !

À méditer, s'en imprégner et à reproduire à volonté.

LE MATIN DE LA
SAINT-VALENTIN :

« OH, MERCI
POUR LES FLEURS !
FALLAIT PAS,
C'EST ADORABLE !

DU COUP, LÀ,
C'EST LE MOMENT
OÙ TU SUCES
MON CLIT,
C'EST ÇA ?! »

QUAND J'ENTENDS NOS CONVERSATIONS DE CUL ENTRE COPINES...

C'EST MÊME PAS QUE C'EST HARDCORE, C'EST QUE C'EST LE LEVEL AU-DESSUS.

CLITORIS MUTILÉS.

CLITORIS EXCISÉS.

CLITORIS DOULOUREUX.

LÈVRES RECOUSUES.

ON NE VOUS OUBLIE PAS !

CHER PROTÈGE-MATELAS : MERCI, JUSTE MERCI.

MERCI DE M'AVOIR FAIT DÉCOUVRIR LA FONTAINE QUI SOMMEILLAIT EN MOI.

C HA EN ZOULOU
O YA EN KINYARWANDA
N U EN ROUMAIN
S IYO EN SWAHILI
E I EN ESTONIEN
N ON EN FRANÇAIS
T SIA EN MALGACHE
E Z EN BASQUE
M A PEUR, MA DIGNITÉ,
MA HONTE,
MON RESPECT ?
E HHH, ÇA VA LAISSE-TOI
FAIRE, C'EST RIEN !
N ON MAIS FALLAIT
PAS ÊTRE HABILLÉE
COMME ÇA !
T 'ES FIER DE TOI ?

C'EST IMPORTANT DE SE FAIRE DES PROMESSES DU PETIT DOIGT AVEC SOI-MÊME.

SUMMER BODY
POUR CET ÉTÉ ?

LA BLAGUE
DE L'ANNÉE.

GARDE TON
WINTER BODY,
IL EST
DÉJÀ PARFAIT !

BADDIE

J'AI ENVIE DE CHIALER EN PENSANT À TOUTES LES FOIS OÙ JE ME SUIS FORCÉE.

PAR PEUR DE.

POUR PAS QUE.

MAIS NON !

E.N.D.O.M.É.T.R.I.O.S.E

CE MOMENT DE JOUISSANCE, LORSQUE L'ON MET UN MOT SUR MA LISTE INTERMINABLE DE SYMPTÔMES INCURABLES. AU BOUT D'UN AN ET DEMI D'EXAMENS, 3 MÉDECINS GÉNÉRALISTES, 2 GYNÉCOLOGUES, 30 FROTTIS, 5 ÉCHOGRAPHIES PELVIENNES, UNE SÉCHERESSE VAGINALE DU GENRE SAHARA EN ÉTÉ, 2 IRM, 3 PILULES DIFFÉRENTES, DES RAPPORTS DOULOUREUX (ET JE PÈSE MES MOTS), 50 BOÎTES D'ANTI-DOULEUR, BEAUCOUP BEAUCOUP DE SANG ET DE MALAISES, TROP DE « JE VAIS VOUS DIRIGER VERS UN COLLÈGUE PLUS EXPÉRIMENTÉ QUE MOI, JE NE SAIS PAS CE QUE VOUS AVEZ. », 4 LITRES DE LUBRIFIANT, UNE PERTE DE LIBIDO DIGNE D'UNE DESCENTE AUX ENFERS ET UN MORAL DANS LES CHAUSSETTES.

C'EST COOL, J'ÉTAIS PAS AU COURANT QUE MES RÈGLES ÉTAIENT BLEUES, TRANSPARENTES ET HOMOGÈNES... JE ME COUCHERAI MOINS BÊTE !

MAMAAAAANN !!! ILS NOUS ONT MENTI À LA TÉLÉ !! LES RÈGLES C'EST PAS TOUT BLEU ET EN PLUS ÇA PUE !!

MÉNOPAUSÉE ET DÉSIRÉE !

JE NE VAIS PAS TE FAIRE PORTER LE BONNET D'ÂNE POUR UNE PANNE, VOYONS !

JE M'EN FOUS TU SAIS, RIEN DE GRAVE.

PS : T'AS PAS MOURU, L'ÂNE, T'AS PAS MOURU...

TU AS LE DON DE ME FAIRE JOUIR AVEC UN SEUL REGARD.

ET DIRE QUE JE VOULAIS ÊTRE PRINCESSE...

L'ARNAQUE DU SIÈCLE !

SE RÉVEILLER EN CHANTONNANT : « IL PLEUT, IL MOUILLE, C'EST LA FÊTE POUR TES P'TITES COUILLES ! »

JE SUIS MAMAN, OK (AKA WONDERWOMAN, BOSS ET BADASSE).

MAIS JE RESTE UNE FEMME AVANT TOUT.

SUFFRAGETTES, SUFFRAGISTES : MERCI !

Du Royaume-Uni à la France, en passant par l'Afrique du Sud, le Pérou ou la Suisse, ces hommes et ces femmes se sont battus pour le droit de vote des femmes.

« N'oubliez jamais qu'il suffira d'une crise politique, économique ou religieuse pour que les droits des femmes soient remis en question. Ces droits ne sont jamais acquis. Vous devrez rester vigilantes votre vie durant. »

Simone de Beauvoir

Anna van Heerden • Hedwig Dohm • Clara Zetkin • Anita Augspurg • Linda Gustava Heymann • Minna Cauer • Anna Yevreinova • Marie Stritt • Lily Braun • Louise Otto-Peters • Auguste Schmidt • Helene Lange • Gertrud Bäumer • Mathilde Franziska Anneke • Käthe Schirmacher • Marianne Weber • Johanna Elberskirchen • Bertha Pappenheim • Alice Salomon Argentine • Eva Perón • Edith Cowan. • Dora Meeson Coates • Edith Cowan • Fanny Furner • Vida Goldstein • Louisa Lawson • Mary Lee • Muriel Matters • Emma Miller • Rose Scott • Catherine Helen Spence • Jessie Street • Serena Lake • Emily Davison • Marianne Hainisch • Ernestine von Fürth • Rosa Welt-Straus • Marie Popelin • Dimitrana Ivanova • Julia Malinova • Edith Archibald • Nellie McClung • Emily Stowe • Gertrude Harding • Edith Archibald • Anna Leonowens • Eliza Ritchie • Laura Borden • Henrietta Muir Edwards • Irene Parlpar • Emily Murphy • Louise McKinney • Carrie Derick • Mathilde Fibiger • Eline Hansen • Line Luplau • Louise Nørlund • Elna Munch • Johanne Rambusch • Caroline Testman • Jane Arthur • Ethel Moorhead • Anna Munro • Clara Campoamor • Doria Shafik • Madelin « Madge » Breckinridge • Carrie Chapman Catt • Matilda Joslyn Gage • Esther • Hobart Morris • Alice Paul • Anna Howard Shaw • Sojourner Truth • Victoria Woodhull • Jane Addams • Susan B. Anthony • Naomi Anderson • Nina E. Allender • Annie Arniel • Ida B. Wells • Bertha Hirsch Baruch • Alva Belmont • Alice Stone Blackwell • Antoinette Brown Blackwell • Henry Browne Blackwell • Harriot Eaton Stanton Blatch • Amelia Bloomer • Lucy Gwynne Branham • Madeline McDowell Breckinridge • Sophonisba Breckinridge • Olympia Brown • Emma Bugbee • Lucy Burns • Frances Jennings Casement

• Carrie Chapman Catt • Laura Clay • Ida Craft • Minnie Fisher Cunningham • Lucile Atcherson Curtis • Paulina Kellogg Wright Davis • Rheta Louise Childe Dorr • Frederick Douglass • Anne Dallas Dudley • Abigail Scott Duniway • Max Forrester Eastman • Katherine Philips Edson • Helga Estpar • Janet Ayer Fairbank • Lillian Feickert • Sara Bard Field • Clara S. Foltz • Elisabeth Freeman • Matilda Joslyn Gage • Edna Fischel Gellhorn • Sarah Grimké • Eliza Caroline « Lida » Calvert Obenchain • Ida Husted Harper • Florence Jaffray Harriman • Sallie Davis Hayden • Josephine K. Henry • Katharine Houghton Hepburn • Elsie Hill • Helena Hill • Julia Ward Howe • Emily Howland • Josephine Brawley Hughes • Inez Haynes Irwin • Ada James • Izetta Jewel • Rosalie Gardiner Jones • Belle Kearney • Edna Buckman Kearns • Helen Keller • Abpar Kelley • Caroline Burnham Kilgore • Daisy Elizabeth Adams Lampkin • Clara Chan Lee • Dora Lewis • Lena Morrow Lewis • Mary Livermore • Florence Luscomb • Arabella Mansfield • Anne Henrietta Martin • Ellis Meredith • Jane Hungerford Milbank • Inez Milholland • Harriet May Mills • Abpar Crawford Milton • Virginia Minor • Esther Hobart Morris • Lucretia C. Mott • Frances Lillian Willard "Fannie" Munds • Maud Wood Park • Alice Paul • Juno Frankie Pierce • Helen Pitts • Anita Pollitzer • Florence Kenyon Hayden Rector • Margaret Sanger • Julia Sears • May Wright Sewall • Anna Howard Shaw • Mary Shaw • May Gorslin Preston Slosson • Elizabeth Cady Stanton • Doris Stevens • Lucy Stone • Helen Taft • Lydia Taft • Martha Thomas • Dorothy Thompson • Sojourner Truth • Harriet Tubman • Mina Van Winkle • Mabel Vernon • Sarah E. Wall • Ida B. Wells • Rosa Welt-Straus • Ruza Wenclawska • Frances Willard • Victoria Woodhull • Antoinette Funk • Marguerite Durand • Hubertine Auclert • Maria Deraismes • Jeanne Deroin • Marguerite Durand • Olympe de Gouges • Madeleine Pelletier • Pauline Roland Séverine • Flora Tristan • Maria Vérone • Kallirrói Parrén • Avra Theodoropoulou • Yvonne Sylvain • Bríet Bjarnhéðinsdóttir • Annie Besant • Sarojini Naidu • Alma Dolens • Anna Maria Mozzoni • Constance Markievicz • Louie Bennett • Mary Fleetwood Berry • Helen Chenevix • Frances Power Cobbe • Margaret « Gretta » Cousins • Norah Elam • Eva Gore-Booth • Anna Haslam • Mary Hayden • Kathleen Lynn • Margaret McCoubrey • Mary Ann McCracken • Helena Moloney • Florence Moon • Mary Donovan O'Sullivan • Sarah Persse • Jenny Wyse Power • Hanna Sheehy-Skeffington • Isabella Tod • Anna Wheeler • Shidzue Katō • Fusae Ichikawa • Shigeri Yamataka • Raichō Hiratsuka • Kate Sheppard • Lily May Atkinson • Amey Daldy • Meri Te Tai Mangakāhia • Harriet Russell Morison • Mary Ann Müller • Annie Jane Schnackenberg • Kate Sheppard • Ada Wells • Randi Blehr • Anna Bugge • Betzy Kjelsberg • Gina Krog • Ragna Nielsen • Thekla Resvoll • Anna Rogstad • Mariane van Hogendorp • Cornélie Huygens • Aletta Jacobs • Annette Versluys-Poelman • Aurora Cáceres • Felisa Rincón de Gautier • Clara Maniu • Elena Meissner •

Elizabeth Garrett Anderson • Frances Buss • Mabel Capper • Millicent Fawcett • Lilian Lenton • Harriet Taylor Mill • Christabel Pankhurst • Ethel Smyth • Beatrice Potter Webb • Rebecca West • Margaret Aldersley • Mary Sophia Allen • Elizabeth Garrett Anderson • Louisa Garrett Anderson • Nancy Astor • Frances Balfour • Dorothea Beale • Harriette Beanland • Lydia Becker • Ethel Bentham • Annie Besant • Rosa May Billinghurst • Teresa Billington-Greig • Barbara Bodichon • Margaret Bondfield • Catherine Booth • Elsie Bowerman • Vera Brittain • Frances Buss • Josephine Butler • Mona Caird • Mabel Capper • Ada Nield Chew • Anne Clough • Jane Cobden • Leonora Cohen • Margaret Cole • Selina Cooper • Richmal Crompton • Mary Crudelius • Emily Davies • Emily Davison • Charlotte Despard • Sarah Dickenson • Flora Drummond • Norah Elam • Millicent Fawcett • Elizabeth Fry • Edith Margaret Garrud • Mary Gawthorpe • Katharine Glasier • Nellie Hall • Cicely Hamilton • Marion Coates Hansen • Jane Ellen Harrison • Evelina Haverfield • Emily Hobhouse • Winifred Holtpar • Winifred Horrabin • Clemence Housman • Laurence Housman • Edith How-Martyn • Elsie Inglis • Sophia Jex-Blake • Ellen Isabel Jones • Annie Kenney • Grace Kimmins • Anne Knight • Annie Knight • Aeta Adelaide Lamb • George Lansbury • Jennie Lee • Lilian Lenton • Lady Constance Bulwer-Lytton • Agnes Bernard • Margaret Mackworth • Sarah Mair • Kitty Marion • Dora Marsden • Selina Martin • Harriet Martineau • Eleanor Marx • Alice Meynell • Harriet Taylor Mill • John Stuart Mill • Hannah Mitchell • Dora Montefiore • Ethel Moorhead • Flora Murray • Mary Neal • Alison Roberta Noble Neilans • Florence Nightingale • Ada Nield Chew • Christabel Pankhurst • Emmeline Pankhurst • Sylvia Pankhurst • Adela Pankhurst • Edith Pechey • Emmeline Pethick-Lawrence • Una Harriet Ella Stratford Duval • Eleanor Rathbone • Mary Reid • Mary Richardson • Edith Rigpar • Elizabeth Robins • Rona Robinson • Esther Roper • Agnes Maude Royden • Katharine Russell • Sophia Duleep Singh • Ethel Smyth • Ethel Snowden • Flora Stevenson • Louisa Stevenson • Lucy Deane Streatfeild • Helena Swanwick • Dora Thewlis • Elizabeth Thompson • Violet Tillard • Marion Wallace Dunlop • Harriet Shaw Weaver • Beatrice Potter Webb • Rebecca West • Olive Wharry • Ellen Wilkinson • Alice Zimmern • Alexandra Kollontaï • Draga Ljočić • Signe Bergman • Gertrud • Adelborg • Sophie Adlersparre • Ellen Anckarsvärd • Signe Bergman • Frigga Carlberg • Anna Hierta-Retzius • Ann-Margret Holmgren • Ellen Key • Valborg Olander • Elin Wägner • Lydia • Marianne Ehrmann • Caroline Farner • Marie Goegg-Pouchoulin • Marthe Gosteli • Ursula Koch • Emilie Lasserre • Emilie Lieberherr • Julie von May • Auguste Morsier • Helene von Mülinen • Rosa Neuenschwander • Emma Pieczynska • Camille Vidart • Renée de Sépibus • Rosa Welt-Straus

SYNONYMES DE PAPA

DIEU
PARENT
PROCRÉATEUR
PÈRE
PATERNEL
MAÎTRE

SYNONYMES DE MAMAN

ACCOUCHÉE
GÉNITRICE
MÈRE

QUELQU'UN M'EXPLIQUE ?

EN ATTENDANT, MOI JE VAIS ME CALMER, OK ?

1 H DE CUNNI
+ 3 ORGASMES
+ MES LÈVRES
TOUT IRRITÉES
LE LENDEMAIN
À CAUSE
DE LA BARBE
DE MON MEC

=

LA DÉFINITION
D'UNE BONNE
SOIRÉE

VIERGE À 25 ANS. OUI, ET ALORS ?

ART(FÉMIN)ISTES

Danaé • Artemisia Gentileschi • 1612

Your body is a battleground •
Barbara Kruger • 1989

Port du cerveau obligatoire • Miss Tic • 2017

Tu crois vraiment que parce que je suis noire
je baise mieux ? • Valérie Oka • 2014

Maman • Louise Bourgeois • 1999 •

Mujer con espejo • Fernando Botero • 1987

We can do it ! • J. Howard Miller • 1943

Do women have to be naked to get into
the Met.Museum ? • Guerilla Girls • 1989

Autoportrait à la frontière entre le Mexique
et les États-Unis • Frida Kahlo • 1932

J'ai toujours adoré l'art. Depuis toute petite, je passe ma vie dans les musées à admirer les expositions du globe entier.

Mais j'apprécie d'autant plus l'art dans lequel je me retrouve : l'art qui me permet de m'accepter, d'être fière d'être une femme et surtout de me rendre compte à quel point il y a des femmes qui ont des gros gros ovaires !

Que ce soit Artemesia Gentileschi, première femme à avoir acquis une notoriété comparable à celle des artistes masculins de son époque, Miss Tic qui nous rappelle qu'avant de se soucier de nos vergetures, il serait important de se soucier de notre cerveau, ou encore Fernando Botero qui met à l'honneur les grosses femmes dans une société où la taille 36 est considérée comme la taille parfaite.

La taille parfaite, c'est la taille dans laquelle tu te sens bien.

Point.

À la ligne.

(Cliché a souhait mais putain de vrai.)

12 H DE VOL.

TOUT LE MONDE DORT.

LUMIÈRE ÉTEINTE.

COUVERTURE SUR LES GENOUX.

MAIN DANS MA CULOTTE.

DIRECTION LE 7ᴱ CIEL.

AIR FRANCE KLM, MERCI !

**ON EN PARLE,
DE CE MOMENT
OÙ LES PILES DE
TON VIBRO SONT
K.O. MAIS QUE
L'ENVIE EST TROP
PRESSANTE ?**

**BON BAH
JE PENSE QUE
LES PILES DE LA
TÉLÉCOMMANDE,
CE SERA PARFAIT !**

BATAILLE VAGINALE (JEU)

1 TOUCHÉE
2 COULÉE

MA CELLULITE T'EXCITE !

À VOS CLITOS, PRÊTES, JOUISSEZ !

BON, FRANCHEMENT, DE TOI À MOI.

UNE GROSSE BITE, C'EST PSYCHOLOGIQUEMENT TRÈS EXCITANT, MAIS RÉELLEMENT TRÈS DOULOUREUX.

¡ VIVA LAS CONTRADICTIONES !

OUI, JE SAIS, TON SEIN GAUCHE EST PLUS GROS QUE TON SEIN DROIT.

ET ALORS ?

TU ES MAGNIFIQUE !

**AFFIRMER
QUE LE RAPPORT
DEVRAIT SE
TERMINER AVEC
L'ORGASME FÉMININ,
C'EST BIEN.**

**MAIS LE
DÉMONTRER,
JE VOUS ASSURE
QUE C'EST
BIENNNNNNNNN
MIEUX !**

22 H : JE ME FAIS LES ONGLES POUR ME RENDRE AU TAF AU TOP DEMAIN MATIN.

22H07 : COMME UNE FORTE ENVIE DE ME TOUCHER.

DILEMME DU SOIR, BONSOIR : SAUVER MON VERNIS OU PRENDRE MON PIED ?

À CET
ORGASME
QUI TE FAIT
PLEURER.

VIBROMASSEUR UN JOUR.

VIBROMASSEUR TOUJOURS !

FAIS-MOI TREMBLER LES JAMBES !

POUR MON ANNIVERSAIRE, CETTE ANNÉE, JE VAIS CLAIREMENT PAS FAIRE GENRE, JE SAIS DÉJÀ CE QUE JE VEUX :

- LE WOMANIZER PRO 40.

- LE SATISFYER PRO 2, LE DELUXE ET LE PENGUIN.

- LE LELO (CELUI QUE VOUS VOULEZ, JE VOUS LAISSE GÉRER).

MON TALENT CACHÉ ?

JE PEUX PASSER DE LA NONNE À L'ACTRICE PORNO EN UNE FRACTION DE SECONDE.

(ET VICE VERSA)

CETTE PRESSION QUI POUSSE MON ESTHÉTICIENNE À ME DEMANDER POURQUOI JE NE FAIS QUE LE MAILLOT ET PAS «L'INTÉGRAL», ON EN PARLE ?

JE N'AI PAS À ME JUSTIFIER, AUX DERNIÈRES NOUVELLES, JE FAIS CE QUE JE VEUX.

Ma playlist
Girl Power
« Maintenant, battez-vous ! »

Grown woman • Beyonce
Me llaman calle • Manu chao
Respect • Aretha Franklin
Malo • Bebe
Balance ton quoi • Angèle
Kid • Barbara Pravi
I'm every woman • Whitney Houston
Tous les mêmes • Stromae
Pretty girl rock • Keri Hilson
Je veux te voir • Yelle

JE VEUX QU'À CHAQUE FOIS QUE TU LISES CE CARTON, TU TE RAPPELLES QUE T'ES UNE PU** DE MACHINE DE GUERRE !**

MAGNIFIQUE, DIS !
AGRÉABLE APPRENTISSAGE
SOIN DE TOI
T’AS BONNE MINE !
UN RÉSOLVEUR DE PROBLÈMES
RAVISSANTE
BELLE COMME UN CŒUR !
AMUSEMENT
TITILLER
INDÉPENDENCE
ORGASME
NON MAIS C’EST GRATUIT, EN PLUS...

NON C'EST NON !

**SANS DÉCONNER,
SUR TOUTE LA PLANÈTE,
IL Y A PEUT-ÊTRE 10 %
DES FEMMES QUI N'ONT
PAS DE VERGETURES
ET QUI RESSEMBLENT
AUX MODÈLES
DE MAGAZINES.**

**ON EST 7 MILLIARDS ?
POUR 504 HOMMES
IL Y A 496 FEMMES.**

**JE TE LAISSE FAIRE
LE CALCUL, JE T'ASSURE
QU'ON SE SENT MIEUX
APRÈS.**

RÉTROSPECTIVE FÉMINISTE À TRAVERS LE TEMPS ET L'ESPACE

24 MAI 1949
Parution du premier tome du livre *Le deuxième sexe* de Simone de Beauvoir. Les deux tomes de l'essai de la philosophe française connaîtront un succès mondial.

21 AVRIL 1944
Les Françaises obtiennent le droit de vote grâce à une ordonnance du Comité français de la libération nationale.

27 OCTOBRE 1931
Naissance de la féministe et écrivaine égyptienne Nawal el Saadawi. Emprisonnée sous le régime d'Anouar el-Sadate, elle est l'une des figures les plus connues du féminisme arabe.

30 JUIN 1966
Création de la *National Organization for Women* (Now), qui a eu un rôle capital dans les luttes féministes aux États-Unis depuis les années 1960.

5 AVRIL 1971
Publication dans *Le Nouvel Observateur* du « Manifeste des 343 » (surnommé « Manifeste des 343 salopes » par Charlie Hebdo), une pétition avec laquelle 343 femmes revendiquent le fait d'avoir avorté, malgré l'interdiction en leur temps. Parmi les signataires : Simone de Beauvoir, Christine Delphy, Catherine Deneuve, Marguerite Duras...

20 SEPTEMBRE 1973
La joueuse de tennis Billie Jean King bat Bobby Riggs lors d'un match surnommé « la bataille des sexes ». Bobby Riggs avait multiplié les remarques sexistes mais Billie Jean King l'a fait taire en trois sets.

13 FÉVRIER 1881
Hubertine Auclert lance *La Citoyenne*, un journal féministe français qui entend lutter pour les droits des femmes et notamment pour le droit de vote. Il paraîtra pendant 10 ans.

17 JANVIER 1975
Promulgation de la loi Veil, qui dépénalise l'avortement en France.

1ER AVRIL 2001
Les Pays-Bas deviennent le premier pays au monde à ouvrir le mariage aux couples lesbiens et gays. Vive les marié-e-s !

21 SEPTEMBRE 1988
Sortie au cinéma d'*Une affaire de femmes*, racontant la vie de Marie-Louise Giraud qui fut guillotinée en 1943 pour avoir pratiqué des avortements.

16 JANVIER 2006
Ellen Johnson Sirleaf devient présidente du Liberia. Elle est la première femme élue démocratiquement à la tête d'un pays africain. Elle recevra le Prix Nobel de la Paix en 2011.

7 FÉVRIER 2016
Lors de sa prestation durant le Superbowl, Beyoncé rend un hommage très politique aux Black Panthers et réaffirme sa fierté d'être noire. Une performance historique.

9 JUIN 2014
Laverne Cox, actrice vue notamment dans la série *Orange is the new black*, est la première femme trans à apparaître en couverture du magazine *Time*.

À NOUS, MAINTENANT !

17 JUIN 2020
Vote de la loi qui oblige la féminisation officielle de tous les métiers.

20 DÉCEMBRE 2021
Mise au point d'un traitement contre l'endométriose et prise en charge complète par la SECU.

3 AVRIL 2022
Le clitoris est représenté dans tous les manuels scolaires de SVT. Le plaisir, l'orgasme féminin et masculin sont au programme de 3e.

26 FÉVRIER 2030
La pilule contraceptive pour hommes est commercialisée en France.

9 MARS 2038
Les productions de serviettes et tampons doivent uniquement être élaborées à partir de coton bio issu du commerce équitable, non traitées, avec transparence totale par rapport aux composants.

ALLEZ, RENDEZ-VOUS EN 2050 ET ON VOIT SI ON A BIEN BOSSÉ !

POUR MOI, JE M'EN BATS LE CLITO C'EST...

JE VOUS AI POSÉ LA QUESTION
ET VOUS M'AVEZ RÉPONDU...

S'exprimer sans avoir peur d'être jugée

La liberté, la bienveillance et le pouvoir du clito

Ce qu'on avait au fond du bide depuis toujours et qu'on a jamais laissé sortir

La douce voix de Camille qui chuchotte aux femmes de se faire plaisir, c'est important

Mon p'tit moment de rire quotidien

Quelque chose de frais, qui fait du bien, comme un glaçon qu'on fait glisser le long du corps

La nouvelle génération de femmes : libres, indépendantes, fières et surtout sexuellement épanouies

De nouvelles idées à tester au lit avec ou sans un homme

Un rappel quotidien de ce que je suis capable de faire/vouloir/penser et espérer

Une page libérée à l'image de la femme d'aujourd'hui

De l'humour et de la réalité : du génie

La fin de l'auto-censure

A way of life

Une page qui décomplexe les femmes et ça fait du bien

La réalité, assumée au grand jour… et ça fait du bien !

Une inspiration de tous les jours et surtout une meuf pétillante

La jouissance de lire un post de ce que toutes les femmes pensent tout bas, enfin crié haut et fort

La marche vers la fin des tabous autour de la sexualité féminine

Un endroit où en tant que femme, on se sent respectée et appréciée à notre juste valeur

C'est ce qui me rebooste dans les moments où j'ai oublié que je valais mieux que ça

Une libération, merci !

Un état d'esprit

La jouissance

Des révélations, du vrai, du vécu, des conseils, du bien au quotidien

L'ouverture d'esprit

De l'humour, de la solidaité, un refuge et un endroit comme à la maison

Le moyen de décomplexer mon cerveau

Un moyen d'en apprendre plus sur moi, ma sexualité et LA sexualité

Une raison de plus de se masturber

Voir ma vie devant moi à 42 ans, même en tant que maman solo de bebettes

Un
doigt
dans le
paradis

Indéfinissable, juste un tout
de ce que je ressens

Enfin
des mots
crus, enfin
des vraies
paroles

Une bonne
façon de
changer
les
mentalités

La bonne
découverte
de l'année

Un vrai bol
d'air et un
compte d'utilité
publique

Les réponses
aux questions
que je n'ai
jamais
osé poser

Une réponse
à nos questions

Vivre ma vie
comme je veux,
tout
simplement

Une bulle sociale
où le sexe devient
le sujet de conversation
principal et sans
aucune gêne

Bon pour
le moral

Un monde
sans complexe
où chaque femme
a sa place
et peut être
aidée

La liberté de jouir de
son corps et de son
esprit comme on le
veut

Je ne suis
pas seule
et je suis
normale

Le compte
qui m'a aidée à
prendre confiance
en moi et à dire
fuck à ces vieilles
mentalités
patriarcales

Le courage
d'une femme qui met
sa vie sexuelle à nu pour
nous faire jouir de la nôtre

La bible de la zipette

Les pensées et les émotions des femmes enfin dévoilées

LA solution pour renverser le patriarcat

Un clin d'œil que l'on s'envoie avec mon mec

De l'authenticité qui fait du bien

Un combat

Être qui je suis sans me justifier

Le réveil d'une génération, une prise de conscience

Humaine en or qui défend la femme sous toutes ses coutures

Une façon de se sentir mieux dans sa peau

Ce genre de cours qu'on a toujours voulu au lycée

De l'éducation sans tabous, une personne qui arrive à libérer les autres, enfin !

Une aide précieuse pour faire bouger les mentalités avec humour et finesse d'esprit

Ma dose d'amour, d'humour, de courage et de rage

Le commencement de nouvelles choses

L'allégorie de la liberté des femmes

Le moyen d'aborder la sexualité avec mes enfants

La plus belle des expressions

Redécouvrir ce que devrait être la sexualité

Le réconfort

Une libération de fou(ffe)

Ma nouvelle expression pref

Être soi-même

Ma libération à 38 ans

Casser les vieux codes sociaux

Une révélation qui rend ma vie meilleure

Ce qu'il fallait pour remettre bien des idées en place

Un défouloir

Un endroit où on peut s'exprimer librement

Se retrouver, tout simplement

Un mélange entre mon poing levé en résistance, un fuck et un câlin

La voix d'une femme qui s'est trouvée

Une expression qui sera bientôt dans la bouche de toutes

Un coup de gueule

Un compte bien plus efficace que tous les cours d'éducation sexuelle que j'ai pu recevoir

Ne plus jamais me dire qu'il y a des choses que je ne peux pas faire ou dont je dois avoir honte

La mentalité moderne

Je m'assume

Un mouvement féministe

De la bombe bb

Un Soulagement

Le passage de mon état de conscience féministe au mode action

L'expression que j'utilise tous les jours maintenant

Un livre féministe

Une énorme délivrance

La synthèse de toutes mes pensées féministes

L'émancipation sexuelle de la femme

La révolution

Un réel bonheur au quotidien

Un compte tenu par une femme qui sait parler, rassurer et décompléxer les femmes

Un « fuck » élégant à cette société machiste

Une meuf qui a des balls

Ma p'tite révolution à moi

La possibilité de se sentir pleinement Femme avec un grand F : Fierté et Freedom

Comme le chocolat : tous les jours avec plaisir

La remise en question de toute ma vision de la sexualité

Libérateur, humoristique et un poil provocateur : bref, j'adore !

Bien plus qu'un simple compte Insta

Des publications qu'on envoie sur le groupe pour débattre

Comme un pet de fouffe à la vie : étonnant mais libérateur !

Décompléxant x1000

Jouir sans entraves

Le soulagement d'avoir réalisé que je n'étais pas seule

Se sentir libre de s'aimer

Free the pussy

C'est découvrir à 23 ans qu'il n'y a pas de honte à se faire plaisir et enfin s'amuser

Une renaissance

Une prise de conscience dans la positivité

Rappeler à toutes les femmes à quel point elles sont badass

Un coup de frais et de chaud dans la culotte

Mettre en lumière ces choses qu'on fait tous et toutes et dont on n'osait pas parler #liberéedélivrée

Un de ces rares moments où tu te sens bien et sans complexes sur les réseaux

Un compte féministe où en tant qu'homme, on se sent bien

Des posts que je cherche au réveil pour me donner envie de sauter de mon lit pour péter le patriarcat

La voix des Vagins qui se lève enfin devant la forêt de Chibres

La page qui m'a permis d'expliquer à mon homme qu'au lit on est deux à vouloir kiffer

Être qui j'ai envie

LA VIE

Le féminisme que j'attendais

La sincérité de la vie avec classe

Des mots qui sortent de l'ombre

En finir avec les tabous

Des posts à montrer en cours d'éducation sexuelle

Un cours d'éducation sexuelle 2.0 qui s'adapte à la nouvelle génération

Une nouvelle ère

Une révolution
qui est menée
par les jeunes

Une pépite
sortie
de nulle
part

Le 1er
compte
féministe
que
j'ai follow

Ce subtil mélange
entre féminité
et révolution

Une source
d'inspiration pour
expliquer la sexualité
à mes enfants

Une bouffée
d'air dans ce monde
de brutes, un lieu
où chacun a sa place
sans préjugés

Mon début
en tant que
féministe
active

Notre
parole
à toutes

Un compte
qui a
des couilles !

Réconcilier
son corps
avec soi-
même

Un astre
de rires

Cadeau

L'affranchissement
de la femme

Un combat
pour
l'égalité

Revolvulvetionnaire

Apprendre,
comprendre
et répandre

Mon mantra

L'orgasme sentimental

Oh et puis merde, on s'assume !

Des jolies vérités, une bouffée d'oxygène, des fous rires, des moments coquins : la vie, quoi !

Une ôde à la femme

Un phare qui te remet dans le droit chemin quand la pression du « qu'en dira-t-on » est trop forte

Bien mieux que le porno pour avoir des réponses

Un clé pour se libérer

le B.A.-BA de la sexualité

Être moi-même sans me forcer

Ce qui m'a permis d'assumer mes poils

Le réveil des possibles… en rigolant

La réponse à ma cystite quand j'en avais le plus besoin !

La liberté d'être

Du positivisme

Une meuf qui monte en levrette les haters

Le XXIe siècle

Un peu comme le documentaire qui libère l'image des femmes : à regarder la samedi dans son lit avec un thé

Lettre aux Agnès

« Il y a une action à faire, les femmes ne doivent pas baisser les bras, c'est à elles de continuer à faire réfléchir. On n'est pas forcément obligées d'hurler, de jeter des soutiens-gorge dans la rue et d'être lesbiennes. Je crois qu'on peut être féministe de façon intelligente, harmonieuse et il faut tout le temps le dire, le redire et agir : ce n'est pas parce que quelques femmes s'en sortent très bien que l'affaire est réglée. »

Agnès Varda

On est le 29 mars 2019, je suis chez moi, dans l'un des deux fauteuils de Marguerite Duras et à côté de moi, il y a ma mère, mon Agnès à moi. On vient d'apprendre la nouvelle : « La cinéaste Agnès Varda est morte à l'âge de 90 ans. » Elle est installée près de la fenêtre, dos à moi, on vient de boire une bière. Elle est assise dans notre fauteuil de réalisateur mais il n'y a rien écrit dessus et là elle me lance :

– Eh Camille, tu sais ce qui serait marrant ? Qu'on écrive Agnès. C sur notre siège de réalisateur et qu'on essaye de reproduire l'affiche du film *Varda par Agnès*.

– Deal, Maman !

Et c'est là que j'ai eu envie de vous écrire, à toutes les deux. Parce que vous étiez et vous êtes des femmes extraordinaires, des femmes qui m'inspirent et des femmes à qui j'ai envie d'adresser les mots qui suivent.

Chères Agnès,

Je n'avais jamais fait le rapprochement mais c'est perturbant de voir à quel point j'ai l'impression de voir ma mère à travers vous.

Petite en taille mais avec un sacré caractère.

Une femme appréciée de tous et toutes, jeunes ou vieux, avec sa façon bien à elle de faire craquer tout le monde.

Je pense que ma mère est comme vous, née féministe, grande aventurière... et puis elle me fait sourire quand je la vois marcher avec sa coiffure excentrique.

J'ai même cru comprendre que vous partagiez la même passion pour les aubergines, c'est dire si ça va loin.

Et il y a l'amour, le grand amour.

Celui qui, même mort, est là, près de vous, mais à qui on aimerait bien demander son avis, rire, parler pendant des heures, vivre à deux.

Celui qu'on ne veux pas oublier.

Agnès, merci pour tout.

Merci d'avoir abordé les sujets qui dérangent et d'avoir mis en lumière des femmes audacieuses, culottées, marginales et avec des défauts, des noirs, des villages de pêcheurs, des gens malades : des personnes à qui on ne donne que très rarement la parole et que vous avez rendu beaux.

Merci de vous être battue pour nous.

Pour le droit à l'avortement, l'égalité salariale et bien plus encore.

Mon Agnès, une femme extraordinaire, mais je ne lui dis pas assez souvent.

J'espère qu'elle le sait quand même, que je l'aime.

En fait, on l'aime tous et toutes.

C'est ma mère mais c'est la mère de tellement d'autres.

Merci de m'avoir montré ce que c'était qu'être une femme forte et de m'avoir appris qu'il ne fallait jamais que je la ferme.

Je me suis beaucoup inspirée de la femme que tu es. Il suffit de nous voir l'une à côté de l'autre pour comprendre que tu ne m'as pas faite mais c'est le détail dont tout le monde se fout tellement on s'aime et on se ressemble.

J'aurais pu consacrer la moitié de ce bouquin à ton sujet, tu sais, mais l'important est que tu en fasses partie.

T'as fait (avec Papa) un putain de boulot, quand même, je m'en sors pas mal.

Ah oui et je suis fière de toi, tu déchires encore plus de jour en jour.

Agnès et Agnès merci pour votre passion pour les gens, votre façon de parler sans détours, votre spontanéité, votre loyauté et votre amour pour les plus jeunes : vous nous inspirez et vous nous faites rire.

> ***« Le principal, c'est qu'elles continuent de se battre. Dans les années soixante, on a cru que ça allait vite changer mais on s'est trompées. »***
>
> ***Agnès Varda***

Camille

REMERCIEMENTS

Un grand merci du fond du…

Tu sais où ! Non, plus sérieusement, c'est un livre qui a été monté de toute pièce avec le cœur et j'ai presque envie de te dire que c'est tout ce qui compte. Moi, il me plaît et j'espère qu'il t'a également plu et que tu auras envie d'en prendre soin et de le partager.

Comme tu l'as remarqué, je l'ai commencé, ce livre, mais c'est à toi d'avoir les derniers mots et de le compléter afin qu'il soit unique comme nous tous et toutes, en fait.

Je suis super fière de ce qu'on a réussi à monter ! Vous avez la boite de mouchoirs à côté de vous ? (Nannnnn, bande de petits pervers, pas pour ça !)

Alors me voilà. Il faut que tu saches qu'il y a 4 autres femmes qui se cachent derrière ce projet et dont on n'a pas beaucoup parlé jusque-là. Ladies, it's time !

Tout d'abord **Katia**, mon éditrice. Tu sais aussi bien que moi que tout ce qui est là, ça sort des tripes et je tiens à te remercier pour ta patience avec moi, tes conseils et ta putain de réactivité qu'il soit 3 h du mat ou encore dimanche matin. Impensable que tu restes dans l'ombre parce que tu as défendu ce bouquin depuis le premier jour et que tu t'es battue pour moi : tu es plus qu'une éditrice et tu le sais très bien ! Ça m'a fait un bien fou de t'avoir à mes côtés tout au long du projet alors, oui, je parle de toi (tu corriges rien du tout, non négociable !).

Et puis, il y a **Charlotte**, mais est-ce que vous avez vu la maquette de ce livre, s'il vous plaît !!!!! Machine, machine de guerre, toi aussi tu as su t'adapter pour faire un livre qui me ressemble et tu sais à quel point c'était important pour moi. Tout : le wax (je lui ai quand même envoyé des photos de mes draps et de mes carreaux de salle de bains), les détails auxquels je tiens tant… tout, quoi ! Alors un grand merci pour ce magnifique boulot, ma belle !

Noémie, rahhhhhh mais toi, alors ! Je t'ai vue sur scène la première fois, cette énergie que tu dégageais, on a tous fini en chialant pendant la standing ovation : elle, c'est une femme qui m'inspire et qui fait bouger les choses. À ce moment-là, j'ai su que je voulais que tu fasses partie de ce livre. Merci à toi pour tes mots justes et ce culot, mais yes !

Flora, je me souviens encore du jour où je me suis réveillée un matin et que j'ai vu que tu avais illustré un de mes posts... J'étais tellement heureuse de voir que tu y avais trouvé ton bonheur et surtout une source d'inspiration. Merci d'être là depuis le début et de mettre les couleurs justes à mes mots : ma meuf sûre depuis que j'ai 300 abonnés, fidèle au post, on change pas une équipe qui gagne.

À mon groupe de copines, mes SupersClitettes sans qui la moitié des posts n'existerait pas : Jojo, Nana, Sophy et Poé, je sais même plus quoi dire tellement je vous aime, bordel. Vous l'avez, votre dédicace, c'est bon !

Ma mère, la définition d'une femme juste parfaite, merci pour tes conseils, ta patience et la façon que tu as eue de t'adapter à mon rythme de vie. J'aime te voir changer en même temps que moi : le meilleur duo de la planète.

Et pour finir, mon père, qui ne lira jamais ce livre mais qui aurait été tellement fier de moi. Tu vois, c'est dans ces moments-là que tu me manques vraiment vraiment beaucoup. J'aurais eu tellement de choses à te dire. Mais t'inquiète, comme tu me disais à chaque fois : « Courage et confiance ! »

C'est tout pour moi.

PS : On se voit quand, d'ailleurs ?

Tu me tiens au courant, ce me ferait (zizi)r !

Bisous sur la fesse gauche.

Camille @Jemenbatsleclito

LES ILLUSTRATRICES

Flora Mazzaggio est une toute jeune illustratrice, féministe engagée, qui nous fait dire que la valeur n'attend point le nombre des années ! Elle a réalisé toutes les illustrations qui viennent interpréter les différentes punchlines du livre.

Vous retrouverez son travail ici !
tacopineflora
Et vous pouvez la contacter là !
mazzaggio.flora@gmail.com

Charlotte Thomas est une directrice artistique talentueuse et une illustratrice passionnée. Elle a créé cette maquette sur-mesure en s'inspirant de l'état d'esprit du compte de Camille et des motifs des wax africains... tout en l'imprégnant de sa touche unique !

Vous retrouverez son univers ici !
https://www.behance.net/charlette
chathoma